W0395999

AU-DELÀ DU MIROIR

Jean-Pierre Gonzales

Préface

Dans ce livre que vous vous apprêtez à lire, vous découvrirez l'histoire véridique de mon beau-père qui le 2 décembre 1943 reçut une balle en pleine face.

À travers ce récit, j'ai voulu rendre hommage aux hommes et aux femmes qui ont subi des blessures atroces au visage, cette partie du corps qui nous apparaît en premier lorsque l'on rencontre une personne. Au-delà du drame de la guerre, je raconte une magnifique histoire d'amour, sentiment qui revêt plusieurs facettes et qui, depuis que le monde est monde, est de tous les combats. De ce récit, j'aimerais faire une belle leçon de vie dans un monde qui aujourd'hui se déchire pour souvent pas grand-chose.

Au début de la Grande Guerre en 1914, Français et Allemands se battaient farouchement, qui pour défendre un territoire occupé, qui pour libérer ce même territoire. À cette époque, le face à face avait pour cadre des tranchées. Les deux camps se situaient à environ 15 mètres l'un de l'autre. Pour tirer, ils devaient sortir la tête et viser à découvert. Ainsi, de 1914 à 1918, 15.000 soldats ont été gravement blessés au visage.

Il n'y a pas de mots pour souligner l'attitude courageuse des médecins et infirmières des deux camps, Français comme Allemands, remarquables d'humanité et qui exerçaient avec de faibles moyens médicaux dans des hôpitaux ou sous des tentes militaires.

Ces soldats privés brusquement de nez, bouche, œil, mâchoire, joue, ont été sauvés de la mort, mais le gouvernement de l'époque n'était pas structuré pour les prendre en charge. Il considérait que parce qu'ils avaient toujours leurs deux bras et leurs deux jambes, ils restaient aptes au travail. Les autorités françaises négligeaient ainsi les terribles blessures psychologiques de ces hommes qui devaient affronter le regard insoutenable des autres, mais aussi leur propre regard dans le miroir. Ils étaient renvoyés dans leurs foyers sans le moindre soutien, le code des pensions militaires d'invalidité ne prenant pas en compte la défiguration alors même que ces blessés ne trouvaient pas de travail à cause de leur infortune.

L'État français n'a pas tenu compte des souffrances morales de ces hommes et femmes abandonnés sans aide psychologique. Combien se sont suicidés par honte de leur visage ou ont été internés à vie dans un hôpital psychiatrique après avoir sombré dans la folie. Le syndrome post-traumatique de guerre n'était alors pas reconnu !

La souffrance d'une Gueule-Cassée est particulière. Si avec le temps, on peut s'habituer à la perte d'une main ou d'une jambe, on ne peut se résoudre à accepter cet horrible visage que nous renvoie chaque matin le miroir et le regard terrifié des autres.

Quel avenir ont alors ces hommes rejetés par la société ? À quelle vie sentimentale peuvent-ils prétendre ? Comment trouver son équilibre dans une vie privée d'amour ?

En 1921, le colonel Picot et deux de ses amis, Bienaimé Jourdain et Albert Jugon, tous les trois blessés de la face, décidèrent de créer l'association des « Gueules Cassées » afin d'apporter un réconfort fraternel, moral et matériel à ces grands mutilés. En 1925, ils obtiendront la reconnaissance des blessures à la face par le Code des pensions militaires d'invalidité, mettant ainsi un terme à cette terrible injustice.

Le colonel Picot s'est donné corps et âme à la cause qu'il défendait. Albert Jugon, le plus mutilé des trois, était le 1er secrétaire, cheville ouvrière infatigable, rien ne lui échappait dans l'organisation des galas pour récolter des fonds ou l'organisation tout court de l'association.

Avec les premiers dons, l'association a acheté un château entouré de plusieurs hectares de terre, une ferme avec vaches, cochons, lapins et un énorme potager. Les blessés qui n'avaient pas de famille, ou étaient rejetés, exploitaient cette ferme. Ils étaient nourris et logés gratuitement ; ils vivaient de l'abondance du potager et vendaient le surplus.

Au domaine de Moussy-le-Vieux, ces hommes et ces femmes retrouvaient un sens à leur vie, plus de regard honteux, plus de rejet, ils étaient tous égaux dans l'adversité. Ainsi des couples se sont formés, sans tabou, des êtres humains heureux de vivre avec pour devise : "SOURIRE QUAND MÊME"

Plus tard, en 1934, le colonel Picot fera l'acquisition du Domaine du Coudon à La Valette-du-Var, près de Toulon, afin de permettre à ses camarades malheureux de venir se ressourcer avec leur famille sous le soleil de Provence.

Afin de doter l'association de ressources institutionnelles et récurrentes, les fondateurs des Gueules Cassées eurent l'idée géniale de créer au début des années 30 une souscription nationale assortie d'une tombola, « La Dette », qui connut un tel succès qu'elle donna l'idée à l'État de lancer une Loterie Nationale. Les Gueules Cassées furent alors les diffuseurs de la Loterie Nationale au travers de leurs fameux « Dixièmes », puis furent les promoteurs du Loto à partir de 1976.

Aujourd'hui les Gueules Cassées sont actionnaires de La Française des Jeux dont les dividendes permettent à leur association de poursuivre leurs généreuses missions d'entraide au profit des blessés de la face suite à des conflits. Sont concernés les militaires engagés dans des opérations extérieures (OPEX) ainsi que les gendarmes, policiers et pompiers blessés dans le cadre de leur service.

Jean-Pierre Gonzales

Rappel historique

L'Allemagne nazie envahit l'Autriche en cette année 1939 à la demande des nazis autrichiens qui veulent prendre le pouvoir dans leur pays, mais n'y parviennent pas. Fort de cette invasion rapide et facile, les Allemands annexent la Pologne, puis la Hongrie et enfin le reste de l'Europe. La perspective d'une Allemagne devenue la 1re puissance économique du monde donne des ailes aux ambitieux nazis. Comment une telle folie collective a-t-elle pu être perpétrée par un seul homme : Hitler ?

De 1940 à 1944, la collaboration entre les nazis allemands et le régime de Vichy du maréchal Pétain est de trois ordres :

- Mise à disposition de la police française au service de l'occupant allemand, répression et déportation des Juifs de France vers l'Allemagne, dénonciations, mise en place d'une milice policière toute dévouée à la Gestapo pour faciliter l'annexion de la France.

- Collaboration économique : des industriels et des banques françaises envoient du matériel, de l'armement et de l'argent au Troisième Reich. C'est Hitler qui définit le cours du franc par rapport au mark de façon unilatérale.

-Une lutte commune contre les communistes de France.

L'Allemagne n'aurait pas pu faire durer la guerre si longtemps sans l'aide de la France. Mais le régime de Vichy n'était pas représentatif de la France, le maréchal Pétain s’étant autoproclamé chef des Français.

À Londres, sur les ondes de la BBC, le 18 juin 1940, le général de Gaulle exhorte les Français à résister à l'invasion de la France par le Troisième Reich.

Réveil douloureux d'un petit village tranquille

Le jour de l'invasion de l'Autriche en 1939, monsieur le maire de Moosch franchit le seuil du salon de coiffure tout essoufflé, l'air grave comme il se doit quand on est homme à responsabilités et chef d'un village.

- Vous connaissez la nouvelle ? L'Allemagne déclare la guerre à l'Autriche, leur chef Hitler promet d'envahir toute l'Europe et de faire de l'Allemagne une très grande nation.

- Il est fou cet Hitler, mais après tout ce n'est pas notre problème, l'Autriche est loin, dit Charles, le boucher du village.

- Mais réfléchis Charles, l'Autriche est loin certes, mais l'Allemagne est juste de l'autre côté du Rhin, tout près de chez nous. Ils l'ont déjà traversé une fois, souvenez- vous ?

- Mais enfin monsieur le maire, cet Hitler n'osera pas attaquer la France qui est alliée avec la Grande-Bretagne, une très grande puissance militaire du monde. Allez voyons !

Le soir même, après avoir fermé sa boutique, Paul, le patron coiffeur, achète un poste de radio qu'il installe dans son salon. Dans les jours qui suivent, même ceux qui ne doivent pas se faire couper les cheveux viennent écouter les nouvelles, de mauvaises nouvelles qui arrivent très vite, trop vite. Eh oui ! Tout va trop vite. En quelques semaines, c'est au tour de la Pologne d'être occupée.

Puis, vient le tour de la France. La traversée du Rhin par l'armée allemande est rapide et inattendue. Des milliers de chars, mitrailleuses et camions transportant des soldats bien armés arrivent en France sur des ponts flottants montés en quelques jours à divers endroits du Rhin, de Strasbourg à Huningue. L'Allemagne annexe l'Alsace et la Lorraine en quelques semaines seulement. Les blindés allemands vont se positionner sur tout le territoire Alsacien. Personne ne s'attendait à une telle rapidité. Les Allemands sont bien organisés et ont très bien préparé cette invasion. Grâce au poste de radio clandestin du coiffeur on a des nouvelles de moins en moins rassurantes. Finalement, de nombreux pays d'Europe vont vivre ce désastre humain. Partout, c'était la pagaille, l'exode, les bombardements, la guerre, la ruine de villes entières et des millions de morts. Les gens qui ont vécu cette période savent ce qu'ils ont enduré.

***

Nous sommes en 1942. C’est la panique lorsqu’une mitrailleuse et un camion bondé de soldats allemands pénètrent dans le petit village de Moosch situé dans une charmante vallée où coule la rivière « La Thur ». La peur au ventre, les habitants regardent avec stupeur les soldats bloquer toutes les issues du village afin que plus personne ne puisse entrer ni sortir. Armés jusqu'aux dents, ils pointent leurs fusils mitrailleurs sur les habitants qui s'approchent un peu trop près. Il est alors 17 h. Pendant ce temps, d'autres soldats vont de maison en maison chercher les occupants pour les rassembler sur la place de l'église. Maintenant que tout le village est là, un officier prend la parole dans un bon français.

- Je m'appelle Hans Friedrich, je suis officier de la grande armée du Reich, notre quartier général est à Cernay, nous sommes venus en amis. Comme vous le savez, l'Alsace est un territoire allemand que nous avons perdu pendant la Grande Guerre. Nous venons le récupérer, vous serez fier d'appartenir à notre grande nation. Votre vie de tous les jours ne changera pas, vous vaquerez à vos occupations habituelles. Pendant un certain temps, les employés de votre mairie seront mobilisés pour assurer le transfert de vos papiers et le recensement exact de la population.

- Qui est le maire de ce village ?

- Moi, monsieur !

- Parfait, suivez-moi à la mairie pour l'organisation des démarches que les habitants de votre village devront effectuer. Vous autres, vous pouvez rentrer chez vous !

Nesti, dont le prénom est Ernest, est aussi sur la place. Il joue aux billes avec ses copains, il a 13 ans ; heureux et insouciant, il ne s'intéresse pas à ce qui se passe dans le village, il gagne beaucoup de billes et c'est avant tout ce qui l'intéresse.

- Nesti, viens, on rentre à la maison, lui dit sa mère.

- Non, répond Nesti en faisant la moue, je gagne beaucoup de billes, je rentrerai plus tard.

- Tu rentres à la maison tout de suite, tu entends ?

À la peur, succède la colère. Maman Rose est comme toutes les mamans, Nesti doit obéir, un point c'est tout.

Il faut dire que personne n'imaginait un deuxième conflit mondial, ni une invasion aussi rapide de l'Alsace.

Nesti, du haut de ses 13 ans, est encore un gamin espiègle, heureux de vivre et de jouer avec ses copains sur la place de l'église. Son papa est le coiffeur du village.

***

En quelques jours, les Alsaciens doivent se ranger sous l'autorité allemande sous peine de fortes réprimandes. Les Mooschois sont prévenus. Ceux qui comploteront ou se rebelleront contre le Reich seront punis de mort, fusillés par un peloton d'exécution à la vue de tous, sur la place de l'église. La langue française ne peut plus être parlée dans les lieux publics, seul l'alsacien est toléré. À l'école, les enfants doivent apprendre et parler l'allemand sous peine de punitions sévères. Les deux instituteurs du village reçoivent des manuels scolaires en allemand et trois soldats vont de classe en classe veiller à l'application des consignes.

L'approvisionnement en denrées alimentaires semble de plus en plus problématique. Les Allemands exigent que les champs en friche soient cultivés. Tous les villageois se mettent alors au travail sous la surveillance des soldats. Les plans et les semences sont fournis par l'Allemagne. L'épicier du village est désigné pour distribuer les récoltes aux habitants selon une méthode particulière. Chaque famille reçoit des tickets de rationnement mentionnant le nom des légumes. Tout est minutieusement répertorié. Monsieur Walter, l'épicier, ne voit pas d'un bon œil la façon de distribuer la marchandise, car cela lui procure un travail comptable supplémentaire sans aucune contrepartie. Mais il n'a pas le choix.

L'Alsace a déjà été envahie une première fois en 1871 par l'Allemagne, puis par la France en 1918 pour être à nouveau allemande de 1940 à 1945. Le dialecte alsacien est proche de l'allemand, car de 1871 à 1918, c'est presque une génération complète qui vivait sous le régime prussien. En 1940, cela facilita beaucoup les relations linguistiques entre les soldats allemands et la population. Ces circonstances expliquent que certains Alsaciens soient pro-Allemands. La rigueur allemande n'est pas une légende. L'ordre et la discipline ont conduit l'Allemagne à devenir ce qu'elle est, une nation puissante et fortement armée.

La mairie de Moosch sera occupée dès le lendemain par des femmes allemandes en uniforme qui aident les habitants à remplir les documents nécessaires au recensement de la population.

- Vous rendez-vous compte, dit monsieur le maire dans le salon de coiffure, l'administration allemande occupe les bureaux de la mairie comme s'ils étaient chez eux. S'il vous plaît, restez discrets et pacifistes. Aujourd'hui deux personnes sont venues me voir, ils se disent de la Gestapo. On raconte qu'ils sont cruels, sans pitié.

L'hôtel "L'ours Blanc "a été réquisitionné pour les vingt soldats, hommes et femmes, qui mettent en place l'annexion de toute la vallée. Ils sont là 24h sur 24, faisant partie de la vie de la commune.

La surprise de cette invasion passée, les relations avec les Allemands sont relativement bonnes, à la manière de couples qui, après une violente dispute, finissent par bouder. Les consignes de monsieur le maire sont bien suivies. En fait, les relations avec les soldats travaillant dans la mairie sont supportables, ce qui n'est pas le cas avec les soldats qui surveillent le village, la mitrailleuse au poing. On est certainement en présence d'une bombe à retardement.

Hitler a dirigé son peuple d'une main de fer et a réussi à rendre le peuple allemand fier de cette volonté d'expansion à travers l'Europe. Les ordres, même les plus fous, sont suivis par le parti nazi et toute la jeunesse hitlérienne. Plongé dans une misère de plus en plus grande, le peuple allemand voyait un sauveur dans cet homme qui s'avéra être par la suite un dictateur fou. L'espoir d'une vie meilleure, la propagande, les images de discipline et de force, un armement puissant ont fait chavirer dans l'horreur tout un peuple qui se sentait en confiance.

Qui aurait bien pu se soucier du sort des Alsaciens si ce n'était les Alsaciens eux-mêmes ? Le régime de Vichy ne se contentait pas de fermer les yeux, il donnait même l'ordre à la police française de collaborer avec la Gestapo. Les dénonciations et les collabos gangrénaient le pays.

Les enfants de l'âge de Nesti ne comprenaient pas ce qui se tramait, mais quand ils jouaient à la guerre, c'était toujours le camp allemand qui perdait.

Le salon de coiffure que tenait le père de Nesti était le lieu où les hommes venaient raconter les derniers potins du village et des environs. C'était aussi le seul endroit où l'on pouvait parler français sans craindre de représailles. Les Allemands ne venaient jamais se faire couper les cheveux, se doutant que Paul aurait volontairement massacré leur coupe. Cela s'était déjà sans doute fait, mais ils manquaient de preuves et ne voulaient pas avoir d'histoires avec des Français qui les détestaient ouvertement. Nul doute que si les Alsaciens pouvaient faire des vacheries aux Allemands, ils ne s'en privaient pas. Malgré tout, ils restaient prudents, car ces soldats venus d'outre-Rhin étaient intraitables avec les ennemis du Reich.

***

Nesti a dix ans et veut être instituteur. C'est un garçon intelligent et studieux. Ses parents sont fiers de lui, un enfant sans histoire. Sur les murs de son école, il y a de grandes cartes de France et une carte de l'Alsace. Le tableau noir occupe tout un mur, face aux élèves. Côté couloir, à travers des baies vitrées, le directeur surveille le déroulement des cours. Tous les pupitres de la classe sont identiques, légèrement inclinés, l'encrier est situé dans l'angle supérieur droit, car il est interdit d'écrire de la main gauche. Au fond de la classe, une rangée de portemanteaux est fixée au mur.

Nesti est toujours assis devant, mais cela ne l'empêche pas de faire des bêtises comme des boulettes avec le pain de son goûter et de les lancer sur le maître dès qu'il a le dos tourné. Il collectionne les punitions, mais souvent l'instituteur ferme les yeux, car Nesti est le meilleur élève de sa classe. Pendant les récréations il joue aux billes, son jeu préféré, il y excelle.

Il joue également aux osselets, à la marelle, toujours avec les mêmes copains, le sourire aux lèvres, un regard malicieux qui fera plus tard des ravages auprès des filles.

Le directeur, monsieur Hummel, aime bien ses élèves. Il est très dynamique et s'appuie sur le sport pour donner aux élèves l'esprit conquérant. Il organise des matchs de basket dans la cour de l'école et lors de la finale, c'est jour de congé.

Justement, aujourd'hui se déroule cette fameuse finale. Tous les élèves se rassemblent dans la cour, c'est un événement important pour ceux qui doivent la disputer. Les élèves apprécient ces moments de bonheur, chacun acclame et défend son équipe sous le regard des soldats allemands qui oublient eux aussi la guerre pendant quelques instants.

Le samedi après-midi, Nesti aide son père ainsi que son apprenti, au salon. Avec un balai et une pelle, il ramasse soigneusement les cheveux qui traînent à terre. Lorsqu'un client est satisfait et qu'il s'apprête à partir, Nesti court pour l'aider à mettre sa veste ou son manteau, récoltant toujours une petite pièce qu'Il range précieusement dans une tirelire en carton. Son sourire est son atout majeur. Les clients apprécient ce petit garçon serviable et souriant. Tout le monde pense qu'il deviendra coiffeur comme son père.

***

Dans ce petit village d'Alsace, ce n'est pas vraiment la guerre même si la vie continue à l'heure allemande. Hitler a nommé Robert Wagner, un sanguinaire officier, son compagnon de toutes les aventures, administrateur de l'Alsace. Wagner aura en charge la nazification de l'Alsace avec pour mission de faire des Alsaciens des citoyens allemands, si besoin en « lavant les cerveaux » des plus réfractaires. Pour remplir cette mission, Hitler lui a fixé un délai de dix ans, mais Wagner projette d'effectuer cette tâche en cinq ans.

Paul risque gros, car les Allemands ont ordonné que dans les lieux publics et les commerces alsaciens, une radio soit mise à la disposition des habitants entre 12h30 et 13h et entre 20H et 20h30 pour écouter les discours de propagande du Reich. Les autres stations françaises sont strictement interdites.

***

Sur le Rangen, un lieu-dit situé à flanc de montagne où l'on cultive une jeune vigne, on a une vue toute la vallée. Ce vin du Rangen deviendra d'ailleurs un des meilleurs vins blancs au monde. C'est un observatoire idéal pour les Allemands qui peuvent ainsi scruter toutes les allées et venues dans la vallée.

Un jour, en l'absence des Allemands, deux jeunes Thannois décident de se rendre dans une chapelle proche du campement allemand.

- Viens Gérard, on va rôder autour du campement allemand afin de voir ce qu'il y a là-haut.

- T'es pas fou Etienne, c'est la guerre, c'est dangereux.

- Mais non, deux gamins comme nous, que veux-tu qu'ils nous fassent et puis je pense qu'aujourd'hui ils ne sont pas là. Viens, je te dis, on aura quelque chose à raconter aux copains.

- Bon, si tu veux, mais à la vue du premier Allemand, je me sauve.

- Ok, t'en fais pas, moi aussi.

Étienne et Gérard s'avancent à pas de loup et, comme le campement semble désert, nos deux loustics de plus en plus audacieux pénètrent dans les tentes et chapardent quelques objets.

- Étienne, j'ai une idée, regarde les vélos qui sont là-bas ; si on leur crevait les pneus, ce serait un acte héroïque, Ils ne sauront rien et on rigolera bien en ville.

Étienne proteste, mais Gérard s'est déjà saisi d'un couteau pointu qui traînait et crève les pneus d'un vélo. Etienne ne voulant pas être pris pour un lâche en fait autant. Lorsque tous les pneus sont crevés, ils prennent la poudre d'escampette en riant, mais malgré tout avec la crainte de se faire prendre. Une fois loin du camp, ils éclatent de rire, un rire nerveux, car ils viennent de prendre seulement conscience de l'énormité de leur bêtise et des conséquences que cela peut entraîner. Ils n'ont que 13 ans. Les deux garnements s'étant vantés de leur exploit dans tout le village, cela parvient aux oreilles du maire qui les convoque avec leurs parents.

- Je viens d'apprendre que deux jeunes Thannois se sont rendus dans le camp allemand situé près de la chapelle et qu'ils ont crevé les pneus des vélos des gardiens du camp pendant leur absence. J'ai appris qu'il s'agissait de vous deux, Gérard et Étienne, et comme si ce regrettable exploit ne vous suffisait pas, vous avez même trouvé le moyen de vous en vanter.

Les enfants baissent la tête tandis que monsieur le maire adresse un clin d'œil aux deux pères avec un petit sourire discret.

- Est-ce exact ?

- Oui monsieur, disent-ils sans se renvoyer la faute.

Le père de Gérard se tourne alors vers son fils et lui donne une gifle magistrale. Le père d'Étienne en fait autant.

- Qu'est-ce qui vous est passé par la tête ? s'exclame le maire. Ignorez-vous que nous sommes en guerre ? Vous allez venir avec le garde-champêtre et moi jusqu'au camp allemand afin de présenter vos excuses. Qu'en dîtes-vous messieurs ? dit-il en s'adressant aux deux pères.

- Entièrement d'accord avec vous monsieur le maire, disent les deux parents. Nous pouvons même vous accompagner si vous le souhaitez.

- Non, je ne préfère pas, répond le maire, souhaitant donner un caractère plus officiel à cette démarche.

Vu leur jeune âge, les deux garnements furent simplement condamnés à réparer les vélos et à exécuter quelques travaux dans le camp. Mais cette histoire a bien fait rire les Thannois.

Enrôlé de force pour combattre son propre pays

Dans la vallée, Moosch est un village où, malgré la guerre, les habitants coulent une vie tranquille, sans histoires, du moins jusqu'à ce fameux jeudi de septembre 1943 où une rumeur se propage de maison en maison. Une compagnie de SS se serait installée non loin, dans un couvent que les religieuses ont fui au début des hostilités. Sa mission : recenser toute la population de la vallée.

Nous sommes à quelques semaines de Noël et Nesti est sur la place de l'église où s'est installé le marché de Noël avec ses cabanons en bois et ses étals chargés de bibelots. Dans le respect de la tradition, on peut déguster le fameux vin chaud alsacien avec ses parfums de fruit et de cannelle que l'on peut humer de loin. Nesti s'est arrêté au stand des pompiers du village pour siroter un délicieux verre de vin chaud qui peut être consommé même par les plus jeunes, car la cannelle et les autres épices diminuent beaucoup le taux d'alcool. Là, il discute avec ses camarades, tous plus âgés que lui.

Nesti a toujours été un bon élève. Après le bac, il envisage de s'inscrire à l'école normale pour réaliser son rêve : devenir instituteur.

Comme tous les jeudis, il n'y a pas école. C'est le temps des flirts, mais les ardeurs sont ralenties par la guerre qui rôde, aux alentours. Chacun rapporte ce qui se dit à la maison et à la radio.

Sous les platanes qui n'ont plus de feuilles en ce début d'hiver, les pompiers ont fait un feu de bois ; il fait bon discuter autour. Blanchie par la neige, la place de l'église fait office de champ de bataille pour les enfants qui, à coup de boules, s'en donnent à cœur joie. D'autres font des bonshommes de neige. La température est supportable, jeunes et moins jeunes semblent heureux de se trouver là.

Il va bientôt être midi et maman Rose vient d'ouvrir la fenêtre pour appeler Nesti, car le déjeuner est prêt et il est temps de se mettre à table.

Le père de Nesti, quant à lui, écoute les dernières nouvelles à la radio. Elles ne sont pas bonnes. L'Allemagne, la grande Allemagne d'Hitler connaît des revers sur le front est. Elle exhorte ses soi-disant frères alsaciens à venir combattre à ses côtés. Le front de l'Est, communément appelé front russe, est devenu un « mange-soldat » où la violence des combats exige des renforts en hommes.

130.000 jeunes et moins jeunes Alsaciens seront incorporés de force dans l'armée allemande et pour la plupart iront combattre sur le front russe. Gare aux représailles pour les familles en cas de désertion ou de refus d'obéir.

- Quelles sont les nouvelles, papa ? Le père de Sepi dit qu'ils vont de village en village et enrôlent de force tous les jeunes capables de tenir un fusil ; tu crois aussi qu'ils vont venir nous chercher ?

Mais non, Nesti, les Allemands sont fous, ils ont assez d'hommes ! Tu verras, Hitler ne pourra jamais réaliser son rêve de conquête, envahir toute l'Europe… C'est un fou.

- J'ai un copain qui a de la famille à Cernay, il dit que des S.S. sont allés à la mairie chercher la liste des familles qui ont des jeunes comme moi. Tu crois qu'ils vont aussi venir me chercher ?

- Mais non, Nesti, tu es trop jeune, répond le père, souriant. Il lui passe la main dans les cheveux.

Mais sa voix n'est pas claire, il semble manquer d'assurance.

- D'ailleurs demain ta sœur et toi irez à Labaroche chez votre grand-père.

- Alors c'est vrai ce qui se dit ?

- Non, mais il vaut mieux être prudent.

- Mais l'école ? Comment va-t-on faire ?

- Bon ce n'est pas tout, dit maman Rose, cette bonne soupe va vous rendre plus optimiste. Allez, Nesti, donne ton assiette.

Il est 13 heures, le repas est à peine terminé qu'on tambourine fortement à la porte d'entrée. Nesti se lève et va ouvrir. Trois soldats allemands sont sur le perron, l'air sévère. Ils entrent dans la maison.

Sur la place de l'église, il y a deux camions, une camionnette et une mitrailleuse, beaucoup de soldats allemands courent dans tous les sens, ils vont de porte en porte.

- Vous êtes Ernest Muller ?

- Oui !

- Prenez une couverture bien chaude et suivez-nous !

- Mais !

Le soldat allemand attrape Nesti par la manche et le tire dehors en lui criant dessus, car il tarde à le suivre. Sa maman a juste le temps de lui donner une couverture bien chaude.

Sur la place de l'église, quelques copains sont déjà là, ainsi que de nombreux hommes. Il y a aussi des mères de famille et des jeunes femmes en pleurs, elles ont compris ce qui se passe. Personne ne dit mot, les soldats sont si menaçants et la mitrailleuse est pointée en direction des villageois.

- Nesti, on va faire la guerre, dit son copain Bernard, mort de peur.

Tout va très vite, d'un signe de la tête, un soldat leur intime l'ordre de monter dans les deux camions qui démarrent aussitôt. Ils sont 14 jeunes de 16 à 19 ans et 22 adultes.

- Ne vous en faites pas, on ne se battra pas avec les Allemands, crie Nesti à ses parents. Cette phrase sera prémonitoire pour lui.

Tous les villageois sont sur la place, toujours sous le choc de cet évènement qui a surgi brutalement. Ils regardent les deux camions s'éloigner sans un mot comme si le ciel leur était tombé sur la tête. Des jeunes femmes courent en criant les noms de leurs maris, frères, amoureux, impuissantes devant les fusils allemands pointés sur elles. De façon dérisoire, prises d'une rage soudaine, elles lancent des boules de neige sur les deux camions, leur seul moyen de manifester leur mécontentement.

Les camions ont maintenant disparu et le silence revenu. Les villageois ont le visage grave et les femmes en pleurs se serrent les unes contre les autres, cherchant à se réconforter mutuellement. Le village est sous le choc, tout s'est passé si vite. Un vieil homme seul, un peu à l'écart, qui a connu les tranchées, murmure :

- Pauvres jeunes gens ...

Le curé prend alors la parole :

- Venez tous à l'église, nous allons prier pour vos enfants, fiancés, et maris.

Tout le village suit monsieur le curé. Les femmes en pleurs s'accrochent aux bras de leurs maris, les jeunes filles se donnent la main ou marchent en tentant de dissimuler leurs larmes.

L'église est pleine, les gens parlent entre eux. Comment allons-nous vivre ce cauchemar, que vont devenir nos enfants, si jeunes ? Monsieur le curé a voulu réunir ses paroissiens dans l'église pas uniquement pour prier, mais aussi parce qu’il a compris que tous éprouvent le besoin de parler. En cette période hivernale, l'église est chauffée et elle est le seul lieu du village pouvant accueillir autant de monde.

- Rose, ils ont également embarqué Nesti ? demande Germaine, la femme du boucher.

- Oui Germaine et toi, ils ont pris Gérard ?

- Oui Rose, même Julien ! Les salauds.

- Julien ? Mais il n'a que 15 ans !

- Que vont-ils faire de ce petit, lui remettre un fusil et lui donner l’ordre de tirer ? Le pauvre gamin, s'ils l'envoient au front, j'ai peur de ne plus le revoir. Tu te rends compte Rose, mes deux enfants, je n'ai qu’eux. Elle éclate en sanglots dans les bras de Rose, incapable de la réconforter, car elle-même pleure son fils.

Un peu plus loin, tout le monde est surpris de voir Léonard.

- Ils ne t'ont pas pris avec les autres ?

- Non, répond son père, le paysan du village. Quand je les ai vus arriver et que j’ai compris leurs intentions, j'ai couru à la maison et j'ai caché mon fils dans le tonneau où je fais macérer les fruits pour le schnaps. Quand je leur ai dit qu'il était parti en Auvergne chez son oncle, ils ne m'ont pas cru. Ils ont fouillé toute la maison, mettant tout sens dessus dessous, jusqu'à l'étable qui est dans un grand désordre. Mais lorsqu'ils ont trouvé les bouteilles de schnaps que je venais de distiller, ils les ont volées. Les soldats sont passés et repassés devant les tonneaux, mais par chance, ils étaient plus affairés à boire le schnaps qu'à continuer à chercher mon fils. Ils sont partis avec 30 bouteilles, mais cela m'est égal. Que valent 30 bouteilles de schnaps contre la vie de mon fils !

- Ah ça, tu as raison, disent les autres, une belle histoire dans tout ce marasme.

- Tu devrais le faire partir d'ici, car ils sont bien renseignés et vont revenir.

- Je l'ai prévu, j'irai avec lui jusqu'à Lyon, puis il prendra le train et ira chez des amis à Marseille. Enfin peut-être que nous allons tous partir vers la France libre, on verra. Putain de guerre !

Les villageois passent l'après-midi dans l'église et en fin de journée, monsieur le curé improvise une messe.

***

Les deux camions et la mitrailleuse arrivent maintenant à Cernay. Ils se dirigent vers l'ancien couvent occupé par des sœurs de la "Congrégation des Sœurs de la Croix." Le bâtiment a été réquisitionné par les SS qui en ont fait leur camp de base pour organiser l'annexion du sud de l'Alsace. La Gestapo occupe une aile du bâtiment, semant la terreur dans la région. Cependant, toutes les religieuses ont pu partir sans être molestées.

La grande cour du couvent est méconnaissable. De nombreux soldats vont et viennent autour d'un matériel de guerre impressionnant. Des camions transportant de jeunes recrues arrivent de toutes parts. On compte environ 300 Alsaciens médusés, paniqués, l'air hagard, plongés dans un profond mutisme, attendant que l'on vienne les renseigner sur leur devenir.

Nesti et ses camarades descendent des camions et vont rejoindre les autres recrues dans l'église du couvent où ont été retirés tous les bancs et toutes les chaises. Ils installent des lits de camp, c'est leur dortoir maintenant. C'est là qu'ils dormiront.

Il commence à faire froid en ce début d'hiver. Nesti apprécie la couverture donnée par sa mère, il s'y enveloppe après l'avoir pliée et repliée en plusieurs épaisseurs, cette chaleur soudaine lui fait beaucoup de bien. Il pense à ses parents et à sa sœur. Quand les reverra-t-il ?

Chacun choisit son lit de camp dans le calme et en silence, tétanisé par la peur. Livrés à eux-mêmes, Nesti et ses camarades de Moosch sortent maintenant de l'église, s'étonnant devant toutes ces allées et venues des Allemands qui arpentent la cour dans tous les sens sans se soucier des jeunes Alsaciens devenus désormais leurs otages.

Visiblement, ils sont en train de préparer une expédition. Une gare de fortune vient d'être aménagée, les rails qui doivent probablement partir de la gare de Cernay aboutissent à la grande place. Soudain, une puissante locomotive à charbon, toute noire, avec d'énormes roues en acier, arrive dans un épais nuage de vapeur. Sans doute pour montrer sa force et impressionner les Alsaciens, le conducteur annonce son arrivée par un coup de sifflet strident qui donne la chair de poule à tous ces hommes qui sont là et ne savent toujours pas pourquoi.

Puis des haut-parleurs diffusent de la musique et un militaire allemand s'exprime en français. Toujours rassemblés dans l'immense cour, pétris de froid, Nesti et ses camarades s'interrogent avec anxiété sur leur avenir. Vont-ils enfin savoir ?

La voix de l'homme est chaleureuse et bienveillante, il salue tous les Alsaciens, puis se présente :

- C'est le commandant qui vous parle. Vous n'êtes pas des prisonniers. L'Allemagne a décidé tout simplement de reprendre ce territoire que les Français nous ont volé. Le Reich a besoin de soldats, de beaucoup de soldats, vous devez être fiers de servir votre patrie, l'Allemagne. Vous allez maintenant vous disposer en colonne par petits groupes, vos collègues allemands vont vous guider. Attendez patiemment votre tour, car nos médecins vont vous ausculter pour savoir si vous êtes aptes à rejoindre vos camarades sur le front. Soyez fiers de servir votre nation. « Heil Hitler ».

La visite médicale est sommaire, le but est d'envoyer au charbon le plus grand nombre de soldats. Puis, chacun reçoit des vêtements militaires et des rangers. Sur le terrain vague qui jouxte les bâtiments, les jeunes recrues forment des petits groupes et discutent de leur avenir autour d'un feu. De jeunes soldats allemands leur distribuent des cigarettes et du café chaud.

- Tu as vu, René, ces soldats ont à peu près le même âge que nous !

La surveillance est sommaire, ils peuvent donc parler en français sans aucune inquiétude. Au centre des conversations : leur hypothétique avenir !

Sur le quai de la gare improvisée, règne une certaine animation. À la remorque de la puissante locomotive, les Allemands installent une grosse mitrailleuse avec un canon gigantesque, puis forment un convoi en accrochant une dizaine de wagons en bois. Le wagon destiné à la mitrailleuse communique avec un wagon de voyageurs plus confortable que les autres et réservé aux soldats allemands.

Nesti et ses camarades assistent à ces manœuvres, conscients que leur destin n'est plus entre leurs mains. Une autre mitrailleuse et un nouveau wagon réservé aux soldats allemands sont accrochés à la locomotive.

Deux trains seront ainsi préparés.

Soudain une sirène retentit, c'est l'heure de la soupe, puis du couvre-feu.

Le lendemain matin, Nesti et ses camarades sont réveillés brutalement. Ils ont droit à un bol de café, un morceau de pain et une cigarette pour les fumeurs. Ensuite, ce sont les préparatifs pour un départ dans la matinée. Revêtus de leur uniforme militaire, les Alsaciens sont maintenant Allemands, rien ne les différencie des autres soldats.

***

À Moosch, le maire réunit tous les habitants sur la place du village.

- Mes amis, j'ai quelque chose d'important à vous dire.

Aussitôt tout le monde se tait, les plaintes et les pleurs cessent. Le maire peut désormais parler en français, car il n'y a plus d'Allemands au village. Il s'exprime dans un silence pesant :

- Je viens d'apprendre que les Allemands enrôlent de force nos enfants, c'est terrible, vraiment terrible et ceux qui résistent ou s'enfuient sont tués sans la moindre pitié. Ils les entassent dans des wagons en bois dont on ignore la destination. Je crois qu'ils se rendent sur le front russe. L'Allemagne est folle, elle est devenue folle, complètement folle.

- Ils vont faire la guerre ? Mais pour la plupart ce ne sont que des enfants ! s'écrient d'une seule voix plusieurs personnes. Tout le monde se regarde, l'air incrédule.

- On ne les reverra plus, plus jamais, crient les femmes et les pleurs reprennent de plus belle.

***

Nesti et ses camarades reçoivent l'ordre de monter dans le train avec leur précieuse couverture. Ils sont trente par wagon. Il n'y a aucun doute, ce train se dirige vers le front, mais lequel ? Sur le quai de la gare, des soldats allemands, beaucoup de soldats, crient et cognent avec la crosse de leur fusil sur ceux qui sont trop lents, avant de monter à leur tour dans les deux wagons qui leur sont réservés. Un bruit strident annonce le départ imminent du train. Les voilà seuls, ces nouveaux soldats allemands, ils peuvent parler maintenant en alsacien et en français, ce qui les rapproche un peu plus les uns des autres.

Une forte secousse et le train s'ébranle. Chacun s'installe comme il peut, Nesti est face à la porte du wagon ; par le soupirail, il regarde la campagne défiler pensant à sa liberté perdue.

Dans le wagon, c'est la peur qui règne. On se dirige vers le Rhin, dit à haute voix Nesti. À ses côtés se trouve René, un habitant de Steimbach dont il fait la connaissance.

Soudain un homme plus âgé prend la parole.

- Je crois qu'on va en Allemagne, peut-être sur le front russe où j'ai entendu dire que les Allemands avaient subi beaucoup de pertes. En Russie, il fait très froid, nous sommes en hiver, les Russes sont plus vaillants que nous, car c'est leur climat. Nous devons nous organiser, car je ne sais pas combien de temps nous allons rouler. Que chacun prenne sa couverture et reste calme et serein. Nous sommes nombreux dans ce wagon, si on ne bouge pas trop, tout ira bien. Pour dormir le mieux est de s'asseoir. Ils nous ont laissé deux seaux avec couvercles pour faire nos besoins. Nous les viderons par la porte. Nous garderons notre intimité en nous installant derrière ce panneau de bois.

- Toi, comment t'appelles-tu ? reprend l'homme en pointant Nesti du doigt.

- Nesti, monsieur.

- Tu ouvriras la porte quand il faudra vider les seaux. Et toi, qui es-tu ?

- René, Monsieur !

- Eh bien tu videras les seaux par le coin bas de la porte en tenant compte du vent. Si tu salis l'extérieur du wagon, ce n'est pas grave, ce sera notre façon à nous de dire merde aux Allemands, dit-il déclenchant un rire général dans le wagon. Puis, il reprend : toi et toi, vous le retiendrez pour qu'il ne soit pas happé par le vent.

Personne ne contredit ces ordres relevant du bon sens. Dans un état de peur et d'incertitude, l'Homme a toujours besoin d'un chef pour le rassurer.

- Nous sommes entre nous, je vous propose de chanter la Marseillaise très fort tous ensemble, reprend celui qui vient de s'imposer naturellement comme le chef.

Le chant est bientôt entonné dans tous les wagons tandis que le train filant à toute allure commence à ralentir. Il est 17 heures, la nuit est tombée.

- Nesti, tu crois qu'ils vont nous apporter à manger ? J'ai faim, moi.

- T'en fais pas, s'ils veulent des soldats costauds, ils devront bien nous nourrir.

Après avoir longuement freiné dans un bruit de ferraille assourdissant, le train stationne dans une gare.

Paul regarde par la fenêtre et raconte à haute voix ce qu'il aperçoit. La gare est éclairée par d'énormes projecteurs, ce qui rend impossible toute évasion et, tous les deux mètres, un soldat allemand veille, en position de tir. De toute évidence, ils tireront sur tous ceux qui tenteraient de s'enfuir.

Les portes des wagons s'ouvrent et les soldats allemands hurlent aux Alsaciens l'ordre de descendre. De grandes casseroles sont posées sur des tables, c'est l'heure de la soupe. En colonne, dans la discipline la plus stricte, sans un mot, chacun reçoit sa gamelle de soupe fumante. Lorsque cela ne va pas assez vite, c'est à coups de crosse que les soldats font avancer les trainards. La soupe est bonne, elle est épaisse et suffisante pour couper la faim.

Une fois le ventre plein, c'est un moment de détente pour tous. De petits groupes se forment et les soldats allemands proposent des cigarettes et du café chaud. C'est un moment presque agréable malgré les conditions.

Un peu plus tard, une sirène retentit donnant l'ordre de regagner le wagon. Une nouvelle fois, les traînards reçoivent des coups. Deux jeunes Alsaciens profitent de cette confusion pour tenter de s'enfuir. Ils sont abattus sans sommation. Les portes des wagons se referment bruyamment et le train repart.

Par le soupirail, Nesti aperçoit deux gamins de son âge dans une mare de sang. Ils sont morts pour rien, comment peut-on tirer et tuer des gosses, que se passe-t-il dans la tête de ces soldats allemands qui ne sont guère plus âgés que ces deux jeunes Alsaciens ? Il n'y a pas de réponse. On ne sait toujours pas quelle est notre destination, se dit Nesti en pensant aux parents de ces malheureux.

C'est leur première nuit. Pas facile de dormir, il fait froid dans le wagon, certains parlent encore dans le noir. Nesti s'assoit comme il peut, pense à ses parents, au village, à la place de l'église et à Julie son amour secret à qui il n'a même pas pu dire au revoir. Comme les autres filles, elle courait derrière le camion.

Dans le wagon, tout le monde finit par s'asseoir. Pas question de s'allonger, il n'y pas la place. Le sol est en bois, les planches sont froides. Nesti a le dos appuyé contre une paroi, mais les secousses du train lui font mal, il n'arrive pas à dormir. Le train va à vive allure, le bruit des roues contre le rail est assourdissant, mais le jeune Alsacien finit par s'endormir.

À l'aube, le grincement des freins réveille tout ce petit monde. Engourdi, Nesti se redresse péniblement. Par le soupirail, il constate que le jour n'est pas encore levé et que le froid est toujours aussi vif.

Soudain le train s'arrête. À nouveau, de puissants projecteurs s'allument ne laissant aucune zone d'ombre. Nesti ouvre la porte du wagon et se trouve nez à nez avec un soldat allemand. Il lui crie dessus avec des gestes brusques, il fait comprendre aux « malgré-nous » (cette expression désigne tous les Alsaciens qui ont été enrôlés de force dans l'armée allemande) qu'ils doivent descendre.

Chacun reçoit une serviette et un bout de savon avant de se diriger vers des douches de fortune. L'eau est glacée, jamais Nesti ne s'est lavé aussi vite, il va attraper une crève, c'est sûr. En un temps record, il se lave, se rhabille, se tapote le dos avec ses mains pour se réchauffer.

De retour sur le quai de la gare, des soldats leur distribuent du café chaud et un morceau de pain. Un peu de réconfort pour Nesti, il en a bien besoin !

Après cet interminable et éprouvant trajet, l'Alsace est loin maintenant. Grâce à la complicité d'un Allemand, Nesti sait maintenant où ils vont. Cet après-midi, ils arriveront sur le front russe. Malgré l’horreur qui risque de les attendre là-bas, les Alsaciens se consolent un peu à l’idée de quitter enfin ce fichu train.

Parmi les plus jeunes, comme s’il s’agissait d’un jeu, certains se demandent à quel moment on leur remettra une arme, mais bien sûr, ils n’osent pas l’avouer.

De retour dans le wagon, chacun se réchauffe comme il peut, la tête sous une couverture et le dos appuyé contre celui du voisin. Nesti parvient à se rendormir.

Le soleil est haut dans le ciel ; par le soupirail Nesti aperçoit beaucoup de neige, le vent souffle en bourrasque. Il est fatigué et a faim comme tous ses camarades. Les commentaires des plus grands inquiètent les plus jeunes, en fait ils ont tous peur de ce qui les attend.

Il est 11h 30, le train s'arrête dans une autre gare. Tout le monde descend, une soupe bien chaude les attend. À la fin du repas pris assis à même le sol, un officier allemand s'adresse à eux à l'aide d'un grand haut-parleur et, surprise, il s'exprime dans un bon français. Après avoir vanté la puissante Allemagne, il explique que l'aide des Alsaciens pour combattre aux côtés de l'armée allemande est une fierté. « L'Alsace est un territoire qui nous appartenait et nous l'avons repris. Vous êtes donc Allemands comme nous. Soyez-en fiers, nous allons combattre l'armée russe, vous devez vous engager de toutes vos forces. Des soldats bien équipés seront à vos côtés, mais si vous ne montrez pas une volonté farouche à défendre le Reich, vous serez abattus. Smolenzsk est une ville russe proche de la frontière, nous l'occupons déjà. Elle sera votre base et vous y serez formés pour vous battre sur le front. Nous y arriverons vers 16h. Notre train va s'arrêter à 3 kilomètres de la ville, dans la forêt. Vous remettrez de l'ordre dans vos habits, puis nous nous rendrons à pied jusqu'à notre camp de base. Nous traverserons la ville, soyez fiers et conquérants. Maintenant, remontez dans vos wagons, il est temps de repartir ! Heil Hitler ».

Une fois la porte du wagon refermée, les discussions s'animent.

- Je ne veux pas me battre contre les Russes, ils ne m'ont rien fait et de plus je n'ai que 15 ans, je ne sais pas tirer, je ne veux pas mourir à 15 ans, dit Bernard tétanisé à l'idée d'aller au front.

- Si tu ne veux pas te battre, ce n'est pas les Russes qui te tueront, ce seront les Boches, alors tu n'as pas le choix, pour sauver ta peau, tu dois tirer sur les Russes et rien ne t'empêche de mal viser, lui répond Sébastien.

- Et crois-tu qu'une fois au front, il sera possible de s'enfuir ? enchaine Roland.

- Cela est moins sûr, tu as vu les deux malheureux ! Et tu as entendu ce qu'a dit le Boche, on sera dans les tranchées avec les Allemands. Il vaut mieux être un roublard, parole de Gérard.

- Oui, il a aussi dit que nous nous arrêterons dans une forêt, c'est là que je m'éclipserai, dit René. Je ne me battrai pas avec les Boches.

- Ne fais pas l'idiot, des occasions de s'enfuir, il y en aura d'autres.

Le temps passe ainsi, les discussions sur la folie d'Hitler sont virulentes, chacun dit son mot. Il est bientôt 15h. Le train commence à ralentir, Nesti regarde par le soupirail, on est dans la campagne russe, la forêt est proche. Soudain, le bruit du grincement des roues s'amplifie, la locomotive actionne ses freins, un obstacle sur la voie est sans doute la seule explication à cette manœuvre. Certains pensent même que le train va dérailler, puis plus rien, un silence de cathédrale, le convoi s'arrête. Les sifflets retentissent, il faut sortir.

Une balle en plein visage, Nesti s'écroule dans la neige

Nous sommes le 2 décembre 1943. Dehors il fait beau, mais très froid ; un épais manteau de neige recouvre la campagne. Malgré l'horreur de la situation, les hommes peuvent encore apprécier la beauté du paysage. Posté devant la porte, Nesti descend le premier. Tout est calme, les autres le suivent. Le silence est presque inquiétant.

Nesti avance péniblement dans la neige, devançant les autres d'une quinzaine de mètres. Soudain, il aperçoit une femme juchée sur un arbre, un fusil pointé sur lui. Leurs regards se croisent une fraction de seconde. Les yeux de cette femme sont remplis de haine, il n'a pas le temps de crier ni même de bouger qu'une balle l'atteint en plein visage. Il s'écroule dans la neige, une partie de sa mâchoire a explosé. Il la soutient d'abord avec ses mains, puis s'évanouit.

Sans fusil, le combat est inégal, tous ses camarades font marche arrière et courent se réfugier sous le train tandis que les soldats allemands ripostent à cette embuscade.

Nesti est probablement mort. René et Jean-Marie se regardent, la colère et la peur sur le visage. René enrage, il ne veut même pas réfléchir, surtout pas à la mort qui l'attend.

- Il faut s'en occuper, dit René au soldat qui est près de lui.

- Nein, er ist tod ! (Non, il est mort !)

Mais ne l'écoutant pas, il se précipite vers Nesti. L'Allemand, par réflexe, le couvre, s'ensuit un échange de coups de feu, la femme russe tombe de l'arbre, tuée par l'Allemand.

René est maintenant près de Nesti toujours immobile.

- Mort ou vivant, je ne te laisserai pas ici !

Il l'attrape par le col de son manteau et le tire en arrière avec rage. Il l'interpelle de toutes ses forces, mais Nesti ne répond pas. Par miracle, ils arrivent enfin derrière la locomotive où ils peuvent se réfugier.

René n'en peut plus, les autres l'aident et traînent Nesti pour le mettre bien à l'abri des balles russes. Soudain, René entend un léger murmure, Nesti n'est pas mort.

Il croise alors son regard, un regard suppliant. Je ne veux pas mourir, disent ses yeux. La vision de son ami est insupportable. René a 17 ans comme Nesti, il n'a pas le temps de s'apitoyer, l'instinct de survie le pousse à recouvrir de neige ce visage effrayant, enfin ce qu'il en reste, pour ne pas le voir. Trop, c'est trop, René est prêt à craquer nerveusement. Ce geste sauvera la vie de Nesti. C'est par lâcheté qu'il a couvert le visage de son camarade, mais de cette lâcheté naîtra une amitié forte entre ces deux jeunes. Plus tard, beaucoup plus tard, Nesti recherchera René avec l'espoir de le retrouver. C'est à Steimach, pas trop loin de Mooch, qu'il va le revoir. René est marié et a 2 enfants.

Dans cette embuscade, il y aura des pertes, beaucoup de pertes, mais les Allemands finiront par gagner la bataille. Les maquisards russes n'avaient aucune chance contre les deux mitrailleuses et des soldats mieux équipés. Ils sont tous morts dans cette forêt. Comment ces Russes pouvaient-ils imaginer survivre face à des soldats armés jusqu'aux dents ? Comme toutes les guerres, cette guerre est absurde. Absurde et cruelle !

Peu à peu, Nesti revient à lui. La guerre est finie pour lui. Dans l'ambulance qui le conduit à l'hôpital de Smolenzsk, Nesti tient de ses deux mains sa mâchoire inférieure. Il est entièrement défiguré. C'est une balle explosive qui l'a touché. Son œil gauche est sorti de sa cavité. Comme la balle a été tirée du haut vers le bas, c'est toute la partie gauche de la mâchoire qui a explosé. Difficile de reconnaître le jeune Alsacien, car les secours ont recouvert de bandages la plus grande partie de son visage.

Dans l'hôpital, c'est la folie ! Tout le monde court dans tous les sens. Les tâches à accomplir pour sauver tous ces hommes qui arrivent du front sont monumentales et l'aspect imprévisible de la guerre déjoue toute volonté d'organisation. Les moyens de cet hôpital sont pratiquement inexistants pour un tel afflux de soldats.

Constamment sur le pont, médecins, infirmières, brancardiers travaillent sans relâche. Dans cet univers, c'est l'instinct de survie qui domine. Le temps presse pour sauver ceux qui sont encore vivants, tandis que ceux qui ont rendu l'âme sont évacués rapidement et sans ménagement pour laisser de la place aux futurs blessés.

Nesti est installé dans le couloir avec beaucoup d'autres soldats, on lui fait sur place une trachéotomie de fortune. Les cris et les râles des blessés résonnent sous la voûte des longs couloirs.

Cela fait maintenant quelques jours que Nesti est dans ce couloir de la mort. Une infirmière s'approche de lui et demande au médecin qui l'accompagne comment elle peut soulager les atroces douleurs du jeune homme.

- Rien, ne faites rien, gardez la morphine pour d'autres soldats, il sera mort demain.

- On ne peut plus rien faire pour lui ? demande l'infirmière.

Le médecin ne prend même plus le temps de répondre, il continue son chemin sans même un regard pour le grand blessé.

Nesti est conscient et il vient d'entendre ces paroles terribles, alors au fond de lui, dans le secret de son cœur, il prend la décision de se battre envers et contre tout. Longtemps après la guerre, les paroles de ce médecin résonneront dans sa tête.

***

Contrairement à la prédiction du médecin, Nesti est toujours vivant. Il est alimenté par un tuyau placé dans la gorge, opération délicate à l'époque. Mais la morphine, ce formidable anti-douleur, commence à manquer. Le jeune Alsacien maigrit à vue d'œil et la douleur est si forte qu'il murmure à l'oreille de l'infirmière venue le laver :

- Laissez-moi mourir, j'ai trop mal.

L'infirmière va voir le médecin qui proposait d'abandonner Nesti à son triste sort.

- Docteur, on ne peut pas laisser ainsi ce soldat.

Elle prend le bras du médecin et le force à la suivre. Plus de hiérarchie, plus de protocoles, le médecin la suit sans dire un mot, elle est toujours agrippée à son bras. C'est la fatigue qui est à l'origine de cette improbable situation.

Une infirmière lui sauve la vie

Le médecin se penche sur le visage de Nesti et déroule lentement le bandage tandis que le jeune homme pousse des cris de douleur. À un moment, leurs deux regards se croisent, quelques secondes seulement.

- Ici, on ne peut plus rien faire, dit le médecin en baissant la tête.

- Alors pourquoi le garder ici ? réplique l'infirmière. À Kolberg, en Poméranie, au bord de la Baltique, ils pourront mieux s'occuper de lui.

- Vous avez raison, je vais préparer son transfert.

L'infirmière vient de sauver la vie de cet inconnu. Lorsque le brancardier vient chercher Nesti, elle est dans le couloir, affairée, soignant les autres blessés. Le voyant partir, elle se précipite vers ce jeune soldat et dépose un baiser sur son bandeau au niveau du front comme pour lui porter bonheur.

- Bats-toi, petit ! Bats-toi !

Nesti pleure. Il ne reverra plus jamais celle qui a changé le cours de sa vie.

***

Arrivé à Kolberg, Nesti est pris immédiatement en charge par les médecins. Malgré leur bonne volonté, le pronostic vital est au plus bas. La trachéotomie qu'on lui a faite à Smolensk a bien tenu malgré le manque de médicaments et une mâchoire inférieure pratiquement inexistante. Heureusement, ce jeune Alsacien est une force de la nature. À 17 ans, il mesure 1m87 et pèse 92 kg. Enfin, avant le drame, il pesait ce poids car aujourd'hui il atteint péniblement les 63 kg.

- Mademoiselle, dit un médecin à une infirmière, nous allons lui enlever son bandeau aujourd'hui, emmenez-le en salle d'opération, je veux voir ce qu'il y a sous ce masque !

Nesti a peur, l'infirmière le lit dans ses yeux.

Avec patience, millimètre par millimètre, d'une main ferme et sûre, le médecin retire délicatement le pansement. Par moment des lambeaux de chair restent accrochés au tissu et la douleur est si intense que Nesti perd connaissance.

Ce que voit le médecin n'est pas beau, la bouche n'existe plus aux 3/4, la mâchoire inférieure gauche est en mille morceaux, la langue réduite de moitié, il n'a plus de dents inférieures. Heureusement, l'œil gauche recouvert d'une couche de sang coagulé est par miracle encore intact. Si la trachéotomie effectuée par le médecin de Smolensk est heureusement toujours en place, il y a urgence à consolider tout cela.

Le médecin projette de recoudre la bouche, de retirer les débris d'os et de reconstituer une mâchoire avec de l'os et du fil d'argent.

Le geste que René a fait en recouvrant de neige le visage de son ami lui a sauvé la vie en permettant au sang de se coaguler immédiatement et d'éviter l'hémorragie.

L'habileté et la patience extraordinaire du médecin ayant pris en charge Nesti méritent les éloges de tout le corps médical. La plaie a été méticuleusement nettoyée et la gangrène évitée de peu. Après trois heures passées sous les projecteurs du bloc opératoire, le chirurgien est à bout, mais il a le sourire.

- Il va s'en sortir ce gaillard, quel courage !

Nesti est maintenant réveillé, il vient d'entendre les paroles du médecin et malgré son extrême faiblesse, il trouve la force d'amorcer un sourire en clignant son œil droit.

L'émotion est intense dans la salle d'opération, le sourire du jeune patient est le plus beau cadeau pour le médecin qui en pleure d'émotion, entraînant dans ses larmes tous ceux qui ont participé à l'opération. Comme on est loin de l'horreur et de la barbarie de la guerre ! Pourtant, autour de Nesti, sont réunis des médecins et infirmiers allemands qui savaient qu'il était avant tout Français et qu'il aurait refusé de se battre contre les ennemis du Reich et donc contre son propre pays.

Peu à peu, Nesti reprend des forces ; le personnel de l'hôpital est aux petits soins pour lui compte tenu de son immense blessure ! Il ne peut toujours pas parler. C'est avec son œil droit, ses mains et une ardoise qu'il communique.

Un jour, alors qu'il est examiné par le chirurgien, Nesti lui demande un miroir. Le médecin refuse arguant que sa blessure est trop récente et que son jeune patient risque d'avoir peur de son « nouveau » visage. Cependant, il le rassure, la cicatrisation se passe bien et on opérera à nouveau pour remodeler la mâchoire.

Cinq opérations seront nécessaires et toutes réussiront. Nesti est encouragé par ce médecin prodige qui excelle dans la chirurgie esthétique et dont le seul but est de sauver des vies au-delà des rivalités guerrières.

***

Quelques jours plus tard.

- Vous allez bientôt pouvoir regarder votre visage dans un miroir, car dans un mois je vous enlève les tubes, dit le médecin, s'adressant à Nesti. Pendant quelque temps, vous pourrez ingurgiter des repas liquides à l'aide d'un tube. Vous dormirez également mieux sans tout cet attirail.

C'est une excellente nouvelle pour Nesti qui, depuis ce drame, ne trouve plus le sommeil, en proie à des douleurs permanentes et à de nombreux cauchemars. Il est usé, il n'en peut plus.

Soudain, il prend l'ardoise et écrit : "Et ma voix ? »

- Elle va bientôt revenir, lui répond le chirurgien, vos cordes vocales ont été miraculeusement préservées. Vous êtes maintenant convalescent, ce cauchemar est fini. Vous avez été extrêmement courageux, Nesti.

Le jeune Alsacien écrit alors ce simple mot "MERCI" tandis que son visage se remplit de larmes, mais aujourd'hui, pour la première fois, ce sont des larmes de joie.

Le chirurgien s'en va, ses pensées sont déjà ailleurs, en direction des nombreux blessés qui viennent de franchir la porte de l'hôpital toujours plus nombreux. Le personnel soignant n'a pas une seconde de répit, médecins et infirmières s'affairent tous auprès de soldats pour la plupart encore très jeunes. Loin du champ de bataille, ce lieu de soins est aussi celui de la solidarité qui permet de croire encore, malgré toutes les horreurs de la guerre, à la bonté de l'âme humaine.

Malheureusement, les moyens médicaux sont limités et la mort rôde partout dans les couloirs. Ceux qui n'ont pas la chance de survivre sont immédiatement emportés dans le plus grand silence.

Miroir, maudit miroir ...

Un mois plus tard, vers 9 heures du matin, le médecin et l'infirmière viennent rendre visite à Nesti.

- Je vous avais promis d'enlever votre bandage dans peu de temps, eh bien c'est pour aujourd'hui, dit le médecin avec un large sourire qui rassure le jeune homme.

Lorsque le médecin lui enlève son bandage, Nesti ne ressent aucune douleur. Il serre machinalement les poings tout en épiant le regard du chirurgien, il veut savoir.

Maintenant le chirurgien lui tend un miroir, il le prend en tremblant, n'ose pas se regarder, il a peur, il n'a que 20 ans.

Le médecin comprend cette hésitation, il lui prend la main qui tient le miroir et l'avance lentement devant son visage. L'infirmière est tellement émue qu'elle ne peut le regarder. Elle détourne les yeux, joignant les mains et remerciant le seigneur tout en pleurant.

Nesti n'ose toujours pas se regarder, le médecin l'encourage tout en lui tenant fermement la main :

- Tout a bien marché, regardez-vous maintenant, c'est important pour vous, dit-il avec un sourire rassurant.

Lorsqu'enfin Nesti se regarde, il ne se reconnaît pas. C'est l'horreur, son visage est tout rouge et boursouflé, sa bouche a pratiquement disparu. Ses mains tremblent et ses yeux se remplissent de colère. Il jette violemment le miroir à terre, crie de rage, s'en prend au médecin qui lui a dit de si belles paroles. Dans le miroir, il vient de voir un monstre. Il n'a plus de peau sur le nez, sa joue gauche a disparu, un trou béant a remplacé sa mâchoire, mais son œil gauche est encore là par miracle. Il crie de toutes ses forces, se débat violemment. Il vient de retrouver la parole sans même en prendre conscience.

- J'ai vingt ans, vingt ans, répète-t-il désespéré, ses mains cherchant à dissimuler ce visage qui n'est plus le sien. Il continue à se débattre, l'infirmière le retient du mieux qu'elle peut.

Pour le médecin, il n'y a guère d'autre solution qu'une piqûre, il le fait comprendre à l'infirmière. C'est chose faite, Nesti se calme et finit par s'endormir.

- Sa réaction est normale, je la comprends, dit le médecin à l'infirmière, mais c'est une réussite. Si à son réveil, il demande un miroir, trouvez n'importe quelle excuse et venez me chercher.

« C'est une réussite ? » L'infirmière ne comprend pas bien la réflexion du médecin, car le visage de Nesti n'est vraiment pas beau à voir. Elle trouve le chirurgien égoïste, comment peut-il oser parler de réussite devant ce jeune garçon qui espérait tant de l'opération ?

Au fil des jours, Nesti s'habitue à sa tête couverte de bandages, de toute manière il se sent étranger à lui-même. Ce n'est pas lui derrière ces pansements, c'est le visage d'un autre, d'un inconnu. Il ne demande plus de miroir, ne cherche plus à se regarder dans la glace accrochée au mur dans le couloir de l'hôpital.

Maintenant qu'il a retrouvé la parole, il est heureux de pouvoir communiquer avec les soignants. Certes, sa voix est rauque, un peu faible, mais il peut parler. Pourtant, il échange peu avec les autres malades de la chambre ; il est d'ailleurs le seul français.

La nuit, Nesti fait souvent le même cauchemar. Lorsqu'il va au bal, les filles veulent toutes danser avec lui, ce bel athlète, et il n'a que l'embarras du choix. Certains copains le jalousent ; d'autres, au contraire, sont toujours autour de lui, espérant être ainsi remarqués par les jeunes filles. Il est une sorte d'Apollon, fort et beau comme un dieu grec. Soudain, tout bascule. Ceux qui l'adulaient se moquent de lui, car son beau visage est devenu subitement laid et méconnaissable. Il se réveille en sursaut et en sueur. Il cherche dans le noir le bel Apollon, mais il a disparu. Il enfouit alors son visage dans son oreiller pour que les autres malades ne l'entendent pas pleurer.

- Ernest, vous ne devez pas rester dans votre coin comme cela, allez vers les autres, ce n'est pas bien pour votre moral, lui dit un jour la femme de salle.

- Je n'ai rien à leur dire, d'ailleurs regardez comment ils me dévisagent, j'ai honte, ils ont pitié de moi et puis à quoi cela servirait-il de me joindre à eux.

- Vous vous faites des idées, croyez-moi. Vous savez Ernest, s'ils sont là, c'est qu'ils sont aussi blessés, comme vous. Vous voyez cet homme costaud qui joue aux cartes avec d'autres blessés, eh bien, il n'a plus de jambes, il ne marchera plus jamais. Ne croyez-vous pas que c'est dur pour lui ? Regardez comme il plaisante et prend la vie du bon côté.

- Oui, mais son visage c'est le sien. J'ai l'impression d'être sale, un déchet lorsque leurs yeux se posent sur moi. Un jour il rentrera chez lui et s'il n'est pas déjà marié il trouvera une femme qui s'occupera de lui. Elle lui fera des enfants. En amour, les jambes ne servent à rien, mais moi, regardez, j'ai 20 ans. Regardez-moi dans les yeux, regardez-moi sans détourner la tête, quelle femme voudrait d'un monstre pareil et encore, vous me voyez avec un bandage. Quelle femme pourrait aimer, embrasser, sentir le souffle de cette bouche tordue ? Dites-le-moi !

Ernest dissimule son visage avec ses deux mains et pleure, pleure de rage.

L'infirmière lui caresse les mains, puis dépose un baiser sur son bandeau avant de s'en aller. Saleté de guerre se dit-elle dans le couloir, après avoir sorti un mouchoir pour se tamponner les yeux. Elle pense à son fiancé qui se trouve quelque part en France et dont elle n'a plus de nouvelles depuis plusieurs mois.

Les semaines passent, les blessures de Nesti cicatrisent bien, mais il reste toujours à part, dans l'incapacité de se mêler aux autres patients. Quand l'infirmière vient le voir, il est surpris de la voir dans une tenue civile.

- Aujourd'hui, c'est mon après-midi libre, j'ai demandé au docteur si je pouvais vous emmener au bord de la mer et il est d'accord. L'air marin ne peut que faire du bien à ce visage que vous détestez tant.

Nesti a la force de sourire, il n'a jamais osé demander à sortir. Aujourd'hui, on l'invite à faire une promenade. Comment refuser d'autant plus que la proposition vient de son infirmière ? C'est vrai, il en pince un peu pour cette grande blonde si attentionnée et qui le regarde avec tendresse.

Sur une longue plage, ils se promènent bras dessus bras dessous, évoquent la guerre bien sûr, mais pas seulement. Se sentant en confiance, Nesti lui parle de sa vie dans son village, de son père, du salon de coiffure, des copains…

Le temps est beau en cet après-midi de juillet, une légère brise caresse le visage de Nesti. Il ne souffre pas, il est heureux, nostalgique, mais heureux.

Peu à peu, il se laisse aller aux confidences avec cette jeune et douce infirmière :

- J'ai une copine au village, nous nous connaissons depuis la maternelle et chaque jour je pense à elle. Mais j'ai peur qu'elle m'oublie, pire qu'elle ait trouvé un amoureux. Parfois je me sens gagné par la jalousie. Croyez-vous que la jalousie soit un sentiment d'amour ?

- Bien sûr Nesti, à condition toutefois que la jalousie ne soit pas maladive, ni injustifiée et permanente. Vous pensez qu'elle éprouve aussi des sentiments à votre égard ?

- Je ne sais pas, mais à la récréation, c'était toujours avec moi qu'elle venait parler, jamais avec les autres garçons.

- Quel âge aviez-vous ?

- Oh ! J'avais onze ans. On se voyait aussi le dimanche à l'église, car nous étions servants de messe tous les deux.

- Et comment se prénomme cette charmante jeune fille, car elle est charmante n'est-ce pas ?

- Vous vous moquez de moi ? Bien sûr qu'elle est belle, Julie. Très belle !

- Non, je ne me moque pas de vous Nesti. Au contraire, je trouve votre histoire touchante. Je suppose que Julie est votre premier amour ?

- Oui, Julie est mon premier amour.

- C'est beau, Nesti, lui dit-elle en lui caressant les cheveux.

Ils marchent maintenant sans dire un mot, plongés l'un et l'autre dans leur monde intérieur. Pour l'infirmière aussi, l'hôpital est un cauchemar. Tous ces malades qui demandent beaucoup, qui souffrent, mon Dieu quand finira donc cette guerre ? Ils sont troublés dans leurs pensées par le vacarme provoqué par une escadrille d'avions qui passe au loin ; un bombardement se prépare sans doute dans la ville, il faut vite rentrer !

Au retour de cette promenade, Nesti se sent tellement bien qu'il en oublie ses blessures et, pour la première fois, il va à la rencontre de ceux qui partagent sa chambre. Il les regarde jouer et quand les joueurs remarquent sa présence et se tournent vers lui, il ne perçoit aucun dégoût dans l'expression de leur visage. Au contraire, il ressent de la bienveillance.

- Tu sais jouer aux cartes ? lui demande l'un d'entre eux.

- Non, répond timidement Nesti.

- Alors on t'apprendra, ce n'est pas difficile !

La conversation est interrompue par la venue de la femme de salle qui apporte le goûter.

- À table tout le monde !

- Ça y est, il est des nôtres, crie l'un d'eux. Tu t'appelles comment ?

- Nesti !

Tous rient de bon cœur, y compris Nesti.

- Madame, s'il vous plaît servez en premier notre nouveau partenaire.

Le moral est presque au beau fixe dans la grande chambre de l'hôpital. Ernest est le plus jeune, il a seulement dix-sept ans et sa blessure est la plus grave. Ses nouveaux compagnons sont désormais aux petits soins pour lui, ils l'entourent pour qu'il ne reste plus jamais seul dans son coin.

Il est vrai que sans miroir, on ne voit pas son propre visage, ce sont les autres qui le voient et c'est ce qui apparait en premier lorsque l'on croise une personne. Dans cette chambre d'hôpital, chacun voit en Nesti un cas plus grave que le sien. Ce jeune Alsacien affronte avec courage sa nouvelle vie et on ne peut avoir que de l'admiration pour lui. Frantz est Bavarois, bûcheron de métier et, ayant perdu ses deux jambes, il ne pourra plus jamais partir à l'aube en forêt abattre des arbres. Malgré tout, il mesure la chance qu'il a par rapport au petit Français qui n'est plus qu'un fantôme. Lui aura la chance de trouver du travail dans la scierie de sa fiancée et de temps en temps il pourra se rendre dans les bois dans une carriole tirée par un cheval, sa future femme à ses côtés.

L'instinct depuis que le monde est le monde n'est-il pas pour l'être humain d'aimer, d'être aimé et de procréer. Frantz a une belle gueule, après la guerre il rentrera au village et épousera la fille du marchand de bois. Les jours de déprime, Nesti pense qu'il n'a plus aucun avenir, que le bonheur de créer une famille ne sera jamais à sa portée.

Désormais, Nesti se promène en bord de mer avec ses compagnons de chambre et cela lui fait le plus grand bien. C'est lui qui pousse la chaise roulante de Frantz. L'eau est froide pour la baignade mais, comme des gamins, lui et ses copains courent les pieds nus au bord de l'eau. Par moment, ils s'éclaboussent par jeu. Frantz les regarde s'amuser et rit de bon cœur. Ils reviennent toujours fatigués à l'hôpital et Berthe, la fille de salle, leur apporte un bon café chaud avec des fruits.

La vie est presque douce à l'hôpital, seul le bruit des sirènes rappelle qu'on est en guerre.

***

La guerre prend un nouveau tournant. Kohlberg est en feu. Les bombes russes ne cessent de pilonner le centre-ville. En quelques semaines, la ville est pratiquement rasée. Dans l'hôpital les murs tremblent à chaque bombardement et la peur hante désormais les malades. Ils ne pourront pas se réfugier dans la cave si par hasard des bombes venaient à leur tomber dessus.

Enfin, un jour, la déroute allemande est totale. Le courage des soldats russes et le froid finissent par vaincre l'armée allemande, une victoire historique. Kohlberg est libérée.

En février 45, les soldats russes entrent dans l'hôpital pour la 1re fois. Nesti les voit arriver en vainqueurs, ou plutôt en libérateurs. Certes, il a été blessé par l'un d'eux, mais il n'éprouve aucune rancœur et leur sourit. Tout va bien pour lui, car on vient de lui greffer un morceau d'os prélevé dans ses côtes pour lui reconstituer une mâchoire. Ses bandages recouvrent toujours son visage ne laissant apercevoir que ses yeux.

Un officier russe s'approche de lui.

- Votre nom ? lui demande-t-il en russe, mais Nesti ne comprend pas. Il demande du papier et un stylo. Il écrit alors en alsacien son nom et le lieu d'où il vient.

L'officier est désolé pour lui.

- Maintenant on va s'occuper de vous, les Américains qui se battent avec nous vont venir et vous emmèneront en France.

Nesti ne comprend pas, mais en voyant la mine réjouie du militaire, il devine que ce sont de bonnes nouvelles.

Quelques jours plus tard, deux soldats américains viendront chercher Nesti. Le moment venu, c'est l'infirmière, les yeux pétillants de bonheur, qui le lui annonce :

- Nesti, les Américains sont là, préparez vos affaires, vous serez bientôt en France. De joie, elle l'embrasse. On ne se verra plus, mais je suis tellement heureuse pour vous.

Le jeune Alsacien prépare les habits que lui a fournis l'infirmière de Smolenzsk, une nouvelle page de son histoire va bientôt s'ouvrir pour lui.

Dans le campement américain, on le conduit sous une tente et un officier s’adresse à lui en français avec un fort accent :

- Bonjour, monsieur Muller, nous sommes heureux et fiers de vous accueillir ici. J'ai lu le rapport vous concernant, c'est terrible ce qui vous est arrivé, quel courage, cela mérite respect. Dans quelques jours nous affrèterons un bateau pour vous emmener au Havre avec d'autres soldats et des blessés, puis nous vous conduirons à Paris où des médecins continueront à vous soigner. Bonne chance, petit !

Sur le bateau c'est la joie, tout le monde chante, la guerre est finie pour les passagers et sera bientôt finie pour tous.

***

PARIS, hôpital militaire du Val-De-Grâce.

- Docteur ! dit le brancardier, les Américains nous ont confié ces soldats blessés sur le front russe. Ils sont Français, Alsaciens pour la plupart.

- Encore des Alsaciens, répond le docteur Ginester, désespéré de voir arriver de ce front autant de jeunes Alsaciens.

Dans l'après-midi, le docteur Ginester rend visite à Nesti.

- Quel est votre nom, jeune homme ?

- Ernest Muller, mais on m'appelle Nesti.

- Vous êtes ici dans un hôpital militaire, je suis le docteur en chef, j'ai la responsabilité de ce service. Mes collègues allemands m'ont envoyé un rapport concernant les soins qu'ils vous ont prodigués. Ma spécialité est la chirurgie esthétique. Que vous est-il arrivé ?

- J'ai reçu une balle explosive en plein visage. Vous savez docteur, les Allemands et les Russes que j'ai tués, ils sont toujours vivants, dit-il en souriant.

- Demain matin je vous enlèverai votre bandage. En attendant, reposez-vous pour récupérer de la fatigue de votre long voyage.

- Docteur, quand vais-je avoir un visage... euh... un visage neuf ?

- Bientôt, je vous l'ai dit, je suis spécialiste de la chirurgie esthétique et c'est ma passion.

Nesti partage sa chambre avec d'autres blessés, cela lui fait du bien de pouvoir parler français et de se retrouver en France, une France libérée. Il pense à ses parents qui ignorent toujours ce qui lui est arrivé, car ils n'ont reçu aucune nouvelle. La rafle a été si rapide et les recrues forcées si nombreuses que les Allemands n'ont pas pris le temps de noter les coordonnées de chaque famille. Dans la gare de Cernay, ils étaient environ trois cents hommes de différents villages. Les besoins en hommes sur le front russe étaient si importants et si urgents qu'il importait peu aux Allemands de connaitre leur adresse en Alsace.

***

Nesti demande du papier et un stylo.

Il écrit :

Mes chers parents

J'imagine votre inquiétude de ne pas savoir ce que je deviens. Peut-être me croyez-vous mort, cela doit être horrible pour vous. En recevant cette lettre, j'entrevois déjà votre soulagement. Toi maman, tu vas te mettre à pleurer !

J'ai passé des moments très difficiles où la mort m'a effleuré. Je n'ai jamais fait la guerre, les Allemands et les Russes que j'ai tués sont tous vivants.

Les Allemands nous ont emmenés sur le front russe dans des wagons en bois. Nous étions une trentaine, nous serrant les uns contre les autres pour lutter contre le froid. Maman, ta couverture a été providentielle, elle m'a redonné du courage. Je la serrais contre moi tout en pensant à vous. À la lisière d'une forêt, le train s'est arrêté et lorsque j'ai ouvert la porte du wagon, j'ai reçu une balle explosive en plein visage. La guerre était finie pour moi à ce moment précis. Après avoir été d'hôpital en hôpital, je viens enfin d'être rapatrié à l'hôpital du Val-De-Grâce à Paris. Ce sont les Américains qui m'ont pris en charge pour me conduire de l'hôpital de Kolberg, en Allemagne, jusqu'à Paris.

Pendant ces trois longues années passées loin de vous, les jours se sont écoulés entre soins et parties de cartes. Mes douleurs s'estompent peu à peu. L'infirmière m'annonce que je vais bientôt subir une intervention en chirurgie esthétique pour me refaire un visage plus supportable avec des greffes de peau. Je ne sais pas quand je vais rentrer à la maison, mais j'ai hâte de vous revoir. Je vous embrasse très fort.

Nesti, votre fils.

Nesti plie méticuleusement la lettre et la glisse dans une enveloppe. Puis s'adressant à l'infirmière :

- Madame, pouvez-vous envoyer cette lettre à mes parents, ils ne savent pas si je suis mort ou vivant.

L'infirmière regarde l'adresse.

- En Alsace ? Tout n'est pas encore rétabli et le courrier circule très mal en France. Mais j'ai une petite idée, un ami travaille à la préfecture, cela peut aider, dit-elle avec un sourire.

Le fait que ses parents puissent bientôt recevoir de ses nouvelles rend Nesti heureux. Il revoit des scènes de sa vie d'avant-guerre. Il a hâte de rentrer chez lui pour aider son père dans le salon de coiffure. Il se souvient du jeudi lorsqu'il préparait consciencieusement les clients qui venaient se faire tailler la barbe. Parfois il recevait une pièce qu'il glissait dans une tirelire à la fin de la journée. Qu'est-elle devenue cette fameuse tirelire ? pense-t-il en souriant. Et Julie, son amie d'enfance qu'il aime en secret, que devient-elle ?

Il se souvient de la cour d'école séparant les garçons des filles par un petit muret et un grillage. Pendant les récréations, Julie et Nesti s'asseyaient sur le muret et bavardaient de tout et de rien, ils étaient heureux, cela se lisait sur leur visage. Combien de fois leurs camarades les ont-ils charriés en passant le long du grillage, les uns derrière les autres en rigolant et en chantant en alsacien" ils sont amoureux, ils sont amoureux ! " Nesti se mettait en colère tandis que Julie se sauvait. Julie et Nesti firent d'ailleurs l'objet de nombreuses punitions, car ils parlaient en français, ce qui était strictement interdit. Ils étaient régulièrement dénoncés.

Soudain le visage de Nesti s'assombrit. Et si le salon avait été détruit par les bombardements ? Et si le village lui-même avait été entièrement rasé. Non ce n'est pas possible. Et Julie, a-t-elle un amoureux ?

Dix-huit ans, c'est l'âge pour avoir un amoureux. J'ai si longtemps été absent, elle m'a peut-être oublié. Quand je serai de retour en Alsace, j'irai lui rendre visite. Le docteur a bien dit qu'il allait me refaire un beau visage.

Les jours passent dans l'ennui. Entre les parties de cartes et la radio, il n'y a pas grand-chose à faire.

Un beau matin, lors d'une visite, le médecin lui apprend la nouvelle qu'il attend depuis longtemps.

- Demain je vais vous opérer et vous n'aurez plus besoin de bandage. Le sourire de l'officier chirurgien donne du baume au cœur du jeune homme, il s'en sortira, il sera comme les autres, c'est certain maintenant.

L'opération est délicate, mais le chirurgien est optimiste. Cette nuit-là, Nesti ne trouve pas le sommeil, il est partagé entre le doute et l'espoir. Il revoit son école, les récréations avec Julie, les parties de billes, le salon où il recevait des pourboires, son avenir bien tracé, puis le moment où tout bascule, la guerre, son enrôlement de force, sa blessure et toutes ces opérations. Cela fait quatre ans qu'il attend avec angoisse cette opération, quatre ans qu'il a peur de rester définitivement défiguré.

- C'est le moment, Nesti, on y va ? lui dit l'infirmière. Elle lui tient la main en traversant le couloir qui les mène vers la salle d'opération, elle le rassure et l'embrasse juste avant qu'il disparaisse derrière la porte du bloc.

- Bon courage, Nesti.

Il lui sourit.

***

À son réveil, Nesti est déçu de constater que son visage est encore bandé.

- Cela ne s'est pas bien passé ? demande-t-il au médecin. Celui-ci lui sourit et met son doigt sur ses lèvres pour lui faire comprendre qu'il doit se taire.

- Vous resterez comme cela pendant trois semaines, surtout évitez de parler !

Nesti prend une feuille de papier sur laquelle il écrit : c'est long, trois semaines...

Le médecin hoche la tête.

L'opération est un succès. Le visage reconstitué relève de la magie. Bien sûr, les lèvres sont de travers, un œil est atrophié, mais que faire avec une mâchoire inférieure gauche qui a explosé. La peau de la moitié du visage est lisse, comme brûlée, et du menton à la tempe gauche la paralysie est totale.

En l'état actuel de cette opération, seul un spécialiste en chirurgie réparatrice peut donner un diagnostic optimiste. En 1945, l'anesthésie est loin d'être aussi efficace qu'aujourd'hui, le médecin doit travailler vite, sans la moindre erreur.

Par quel miracle Nesti a-t-il su résister et se battre contre la mort ?

- Vous verrez, avec le temps la nature fera bien les choses, votre nouveau visage sera aussi beau que celui de n'importe lequel d'entre nous. Dans trois mois, s'il n'y a pas de rejet du greffon, je vous enlève les bandages et vous pourrez revoir votre chère Alsace au plus tard dans 5 mois.

Que le temps lui paraît long, Nesti n'a plus envie de rien, même pas de jouer aux cartes. Ses longues promenades solitaires dans les couloirs de l'hôpital dissipent tant bien que mal ses mauvaises pensées, seule la perspective de revoir sa lointaine Alsace et Julie l'empêche de tomber dans une grosse déprime.

Plus que deux jours, plus qu'un jour, demain on lui enlèvera les pansements, il a hâte de savoir comment sera son nouveau visage. Il passe une longue nuit sans parvenir à trouver le sommeil malgré le calmant qu'on lui a administré.

***

Il est 10 h du matin. L'infirmière vient enfin le chercher, car le médecin l'attend. Lequel des deux hommes est le plus angoissé ? Le chirurgien qui a réalisé l'opération ou celui qui l'a subie. C'est le silence complet dans la salle où ils se trouvent.

- Alors Nesti, vous êtes prêt pour le grand jour ?

- Oui docteur, je me suis préparé à soutenir une douleur insoutenable, mais c'est pour mon futur destin.

- Vous avez raison, Nesti.

Nesti repose sur un simple lit, l'infirmière est près de lui, elle est son plus précieux soutien. Elle lui prend la main, le réconforte pendant que le médecin se prépare.

Le chirurgien commence à retirer les uns après les autres tous les bandages et enfin le masque. Le visage de Nesti se révèle progressivement. Équipé de deux pincettes semblables à des pinces à épiler, avec une dextérité inouïe, le chirurgien enlève, centimètre par centimètre, méticuleusement, la dernière gaze qui a pratiquement adhéré à la peau. Nesti serre les bras de l'infirmière de toutes ses forces, son œil valide semble sortir de sa cavité tant la douleur est intense.

C'est par le front que le chirurgien décide de commencer ce travail d'orfèvre. Il ne tremble pas, l'opération est délicate, car la peau est très fine à cet endroit. Au bout d'une demi-heure, la moitié du front est dégagée. La force et le courage de Nesti, qui n'a pu être endormi faute de moyens, dépassent tout ce qu'un être humain peut supporter. Le contour de l'œil blessé est une phase délicate. Le chirurgien tient particulièrement à préserver la paupière, il veut sauver cet œil bien qu'il ne sera plus utile à Nesti. Il va lui falloir dix minutes pour décoller la gaze. Tout se présente bien, c'est au tour du nez à présent, à cet endroit la gaze s'enlève bien, le chirurgien s'arrête pour se détendre et reprendre sa respiration. Une seconde infirmière éponge délicatement le front de Nesti.

Quand le médecin reprend le travail, il humidifie à vif toute la partie de peau débarrassée de gaze, celle-ci s'est bien reconstituée, le greffon a bien tenu. Malgré tout, elle n'est pas belle à voir, mais le chirurgien est un expert, il est satisfait de son travail. Il jette un regard sur l'infirmière puis sur Nesti, qui vient de s'évanouir. Pauvre gosse, se dit-il.

Le travail reprend, c'est maintenant la partie la plus délicate, celle des joues et de la demi-mâchoire gauche, car ces deux parties ont été entièrement reconstituées avec une plaque de métal et des bouts d'os prélevés sur une côte. La greffe de peau de ses joues a tenu, elle est bien ferme, souple et épaisse. Cette greffe est importante, car elle soutient la mâchoire inférieure fraichement reconstituée. C'est également la partie centrale du visage. Le médecin vérifie enfin la solidité de la mâchoire, un véritable miracle compte tenu de la gravité de la blessure.

Dans cette guerre absurde, il y a eu une solidarité sans faille entre médecins français et allemands. Nesti en a été un réel exemple.

- Les Allemands ont fait un travail remarquable, dit le docteur Ginester.

Nesti est calme, son visage est à nouveau bandé.

Le médecin est en nage, épuisé, il ne réalise pas encore ce qu'il vient d'accomplir. L'infirmière lui éponge le front et lui lave les mains avec un peu d'eau chaude, elle lui sourit, son regard lui dit merci, merci pour ce gosse sauvé par des médecins français et allemands d'une mort certaine.

- Je vais établir un rapport pour l'hôpital alsacien. Maintenant mon travail est fini, à dame Nature de prendre le relais ! dit le chirurgien. C'est en Alsace qu'on lui retirera son pansement. Peut-être qu'un jour ce jeune homme reviendra nous voir pour de la chirurgie esthétique !

Retour au pays d’une gueule cassée

Quelques mois plus tard, Nesti est dans le train qui le ramène en Alsace. Malgré le miracle accompli, les regards des autres voyageurs se posent sur lui, mais il s'en fiche, car il va revoir sa famille, et sans doute Julie, son premier amour secret.

En gare de Mulhouse, il quitte le train pour le bus. Tout au long du trajet, il regarde par la vitre le paysage qui défile. Que mon Alsace est belle, se dit-il lorsque le bus approche de sa destination. Il aperçoit au loin le Rosberg, cette petite montagne typique qui domine l'entrée de la vallée. Bientôt je serai enfin chez moi, quel bonheur !

Un peu plus tard, le bus s’arrête à Thann, le terminus. Le passage qui conduit vers la vallée est trop étroit pour laisser passer un véhicule d’une certaine taille comme un camion ou un autocar.

Avec sa petite valise, Nesti descend du bus. Il sent des regards en direction de son visage. Autour de lui, il n'y a que des ruines. La ville de Thann a subi tant de bombardements que des décombres jonchent encore la rue principale. Les dégâts sont importants, mais comme par miracle la belle collégiale n'a pas été endommagée.

Elle est encore plus majestueuse au milieu de ces ruines. Le lycée que fréquentait Nesti est également toujours debout.

La rue de la 1re armée est sous les décombres, ses beaux pavés qui lui donnaient tant de cachet ne sont plus praticables et plus aucun véhicule ne peut l’emprunter sur plus de 200 mètres. Thann n'est pas une ville déserte, bien au contraire, mais les gens font ce qu'ils peuvent avec les moyens qu'ils ont pour dégager les gravats de la rue principale.

Pour arriver à Moosch, Nesti doit parcourir encore huit kilomètres à pied, mais cela ne le gêne pas. Il n'est pas le seul à s’engouffrer dans la vallée. Hommes, femmes, enfants, chargés de bagages, poussent des carrioles remplies de bric-à-brac. Mais où vont tous ces gens, se demande Nesti. Peut-être n’ont-ils plus de maison ! Leurs visages sont tristes et hagards, on dirait qu'ils marchent sans but, en silence. Les enfants sont courageux, ils suivent sans broncher.

Voir toute cette désolation le rend malheureux, de village en village ce n'est que désastre. Il pense à ses parents, au salon de coiffure, dans quel état va-t-il trouver la maison ? Heureusement je vais pouvoir leur venir en aide. Si ma tête ne sert plus à rien, mes bras seront bien utiles.

Toute la famille l'attend à Moosch, ils ont été prévenus de son arrivée par un courrier expédié de l'hôpital du Val-De-Grâce, mais sans précision de date. Sa mère et sa sœur assistent au long convoi de tous ces hommes, femmes et enfants qui avancent péniblement, avec lassitude, l'air désabusé.

Le salon de coiffure est en bordure de la route ; c'est par la fenêtre de la cuisine que sa mère et sa sœur guettent son arrivée, impatientes. Il y a beaucoup de monde dans la grand-rue lorsqu'elles l'aperçoivent enfin. Nesti ? Oui, c'est bien lui ! Elles éclatent en sanglots, les deux mains jointes sur leur visage pour ne pas hurler de douleur et sortent précipitamment de la maison.

C'est son instinct de mère qui lui a permis de reconnaître son enfant, car Nesti a un bandeau autour de la tête, on dirait un œuf de Pâques. Du regard, le jeune homme cherche sa famille. Il a le cœur qui bat. Enfin, les voilà. Il aperçoit maintenant, sa mère et sa sœur qui accourent vers lui. Le père moins rapide traîne un peu. Nesti bouscule les gens sur son passage et enfin se laisse tomber dans les bras de sa mère. Sa sœur et son père l'entourent maintenant.

- Ne pleurez pas, je suis là, même si mon visage n'est plus beau, vous allez m'aimer comme je suis.

Le temps de l'étreinte est long. Cela fait tellement longtemps que tout le monde attendait ce moment. Enfin, il est arrivé. Non, ce n’est pas un rêve.

- Je suis content d'être à la maison, avec vous. Vous n'avez pas trop souffert ? Papa, pas trop de dégâts à la maison ? Tu sais, par la fenêtre du bus j'en ai vu des maisons détruites !

- Si, mon fils, la maison en bois qui abritait le salon de coiffure n'existe plus, elle est en ruine, je n'ai pas encore eu le temps de m'en occuper. Momentanément la mairie nous prête un local pour que je puisse continuer à exercer mon métier. Nous avons beaucoup de chance malgré tout. Nous verrons plus tard ce que nous allons faire. Mais tu es là maintenant, n’est-ce pas l'essentiel ? Quelle sale guerre, pense-t-il en voyant le visage de son fils.

- Tu dois avoir faim, dit sa mère.

- Paulette, prépare quelque chose pour ton frère. Dans la cave, prends du jambon et des patates, prépare-lui une bonne omelette et réchauffe-lui le reste de soupe de midi.

- Ton bandeau, qui va te l’enlever ? demande Rose.

- Le docteur Ginester m'a fait un bon et une lettre pour l'hôpital.

- Mais je crois que l'hôpital de Thann est fermé pour le moment.

- Ce n'est pas grave, j'irai à Mulhouse. De toute façon j'ai le temps, le docteur Ginester m'a dit que pendant 1 mois il n'y a rien à toucher, il faut que la peau cicatrise bien. Ne t'en fais pas maman, tout va bien se passer, tu me connais.

- Oui bien sûr, mais tu me connais aussi.

- J'en ai passé des moments difficiles avec ta mère, pas un jour qu'elle ne t'a pas pleuré, dit le père.

- Ben quoi, je suis sa maman tout de même. Toi tu peux parler, chaque fois qu'à la radio l'on donnait des nouvelles du front russe, tu partais te cacher pour pleurer. Alors hein, tu n'es pas mieux ! (Cette remarque déclenche les rires)

- Que c'est bon de se retrouver, quelle chance pour nous, dit maman Rose. Elle pense aux autres mamans qui n'ont pas eu la chance de serrer leur fils dans les bras.

- Avec le retour des soldats, le salon marche bien. René m'aide, mais j'aurai aussi besoin de toi, surtout le samedi pour certaines tâches, je suis sûr que tu feras un bon barbier.

- Bien sûr, père, tu m'apprendras. Mais que diront les clients quand ils me verront avec ma gueule et mon bandeau ?

- Les clients ? Rien, mon fils, tu es un héros ici, ne te tourmente pas de la sorte, elle est belle ta gueule somme toute et au salon tu en auras des choses à raconter.

Paulette apporte le repas, Nesti a faim, il dévore goulument les bonnes choses préparées par sa mère. Tous le regardent manger avec appétit, ils sont heureux, enfin réunis.

***

L'après-midi passe très vite, la salle à manger n'est pas assez grande pour accueillir tous ceux qui veulent écouter ce que leur héros raconte.

Les femmes pleurent d'émotion, bouleversées par le récit de Nesti. En fin d'après-midi, au moment du départ, tout le monde a une petite phrase de réconfort pour Nesti.

- Pauvre gamin, comme il a dû souffrir, comment va-t-il trouver une femme, lui qui était si beau gosse avant cette saloperie de guerre ?

Heureusement, Nesti n'a pas entendu ces commentaires.

Un peu plus tard, Paul emmène son fils voir la ruine qu'est devenue la maison qui abritait le salon de coiffure.

- Mon Dieu ! Il faut tout raser papa.

- Oui Nesti, mais on le fera petit à petit, rien ne presse. Il parait que nous allons être indemnisés pour dommages de guerre. Monsieur le maire s'occupe personnellement du dossier.

- Papa, je vais nettoyer la maison, mettre de côté les planches encore intactes et brûler le reste.

- Merci Nesti, mais on verra cela plus tard. Pour le moment, laissons faire le maire, il y a une procédure à respecter, il faudra peut-être une enquête et la visite d'un expert. En attendant, comme je te l'ai dit tout à l'heure, si tu es d'accord, j'ai du travail pour toi au salon.

Dès le lendemain, la vie reprend dans le village. Monsieur Paul, le coiffeur, ouvre boutique et bientôt les clients arrivent.

- Alors Paul, il parait que ton fils est revenu de la guerre, tu es content ?

Le héros se cache pour pleurer

Paul n'est pas très enthousiaste, forcément. Le client qui pose cette question n’a pas encore vu Nesti et lorsque celui-ci pénètre à son tour dans le salon, l’étonnement, puis la pitié se lisent sur tous les visages. Nesti ne le supporte pas. Sans lâcher son balai, il traverse le salon en larmes et court se cacher derrière l'église. Les mains sur le visage, il pleure tout son saoul. Monsieur le curé qui passait par là, entend des sanglots et aperçoit Nesti.

- Eh bien, Nesti que fais-tu là, à pleurer ?

- Je suis malheureux, monsieur le curé, regardez ma tête, au salon tout le monde me regarde comme si j'étais une bête échappée du zoo et encore j'ai un bandeau qui cache la plus grande partie de mon visage.

- Je te comprends Nesti, mais cette épreuve, c’est Dieu qui te l'a envoyée. Tu vas devoir affronter le regard des autres avec compassion. Tu sais ils ne sont pas méchants ni moqueurs, simplement voir un jeune homme avec un tel visage inspire de la pitié, tu peux comprendre cela ? Laisse le temps au temps et tu verras. Dieu t'a donné la vie pour que tu en fasses quelque chose, pleurer et se cacher ne serviront à rien. Allez, essuie tes larmes et retourne au salon, il y a du travail là-bas.

Quand Nesti ouvre la porte du salon, tous les clients applaudissent et en retour il leur sourit. L'incident est définitivement clos.

Dans le salon, le jeune homme fait mille choses, il balaie les touffes de cheveux qui trainent par terre, prépare les clients venus se faire tailler la barbe, leur montre dans un miroir leur nuque fraichement coupée dans l'attente de leur approbation pour un travail bien fait, puis il les aide à enfiler leur manteau avec en échange une petite pièce.

Il devient d'ailleurs un expert, son père lui a appris la manière d'utiliser le couteau, tout un art.

Bientôt plus personne ne prête attention au visage de Nesti, malgré tout le jeune homme paraît triste, parle peu et ne sourit jamais. Il semble désabusé, ne s'intéressant à rien.

Le jour de fermeture du salon, il s'enferme dans sa chambre, lit des livres ou part seul en montagne se promener. Quand il voit des amoureux sur les bancs ou allongés dans l'herbe, il s'enfuit en courant.

Je n'aurai jamais d'amoureuse, pense-t-il.

Pourtant Julie hante ses nuits, mais Julie n'est pas là. Son papa est un des rares habitants à posséder une voiture et, juste après la déclaration de guerre, il a mis à l'abri sa famille en Auvergne, loin de l'Alsace, dans la zone libre. Reviendront-ils un jour ?

***

Petit à petit, la vie d'autrefois reprend son cours au village. Les habitants qui l'avaient quitté reviennent. La boulangerie vient de rouvrir après une longue fermeture, quel bonheur de sentir la bonne odeur du pain. Les volets des maisons, restés longtemps fermés, s'ouvrent à nouveau. Chacun se consacre à reconstruire tant bien que mal ce que la guerre a détruit. La solidarité, un maître mot, a tout son sens en ces temps durs.

Grâce à son père, Nesti devient de plus en plus expert dans le maniement des ciseaux, mais il est toujours aussi taciturne, ne fréquentant pas les jeunes de son âge. Il semble se réfugier dans une forme d'isolement. On ne le voit jamais à la kilbe, cette fête foraine très animée avec ses manèges et ses stands, ni aux fêtes du village. Il n'a pas d'amis, malgré l'insistance de sa sœur et de sa mère. À vrai dire, il ne se fait pas à ce visage, à ce bandeau qu'il aperçoit tous les jours dans la glace du salon. Bientôt, il ira à l'hôpital de Mulhouse pour le faire enlever. Le seul plaisir qui lui reste, il le partage avec sa sœur : c'est la danse. Nesti est un bon danseur. Paulette aimerait bien l'emmener au bal, mais elle se heurte toujours à un refus. À défaut, ils ont aménagé en salle de bal une chambre de la maison où ils sont les seuls à venir danser.

Un jour, un représentant en matériel de coiffure entre dans le salon. Comme il n'y a pas de clients, le père de Nesti a tout le temps de discuter avec lui. Au bout d'un moment, il appelle son fils :

- Nesti, viens voir les tout derniers couteaux. Tu en auras besoin pour ton travail. Leur manche est en ivoire et ils coupent bien. Je vais t'acheter toute la panoplie, rien que pour toi.

- Merci papa, je peux aller les montrer à maman ?

- Bien sûr.

- C'est votre fils ? Vous avez de la chance de l'avoir au salon.

- Oui, avec tous les habitants qui reviennent au village, René et moi-même ne pouvons pas tout faire.

- Au fait, où est René ? demande le commercial.

- Il a pris sa journée

Nesti reste toujours à part, cela va faire six mois qu'il est rentré et personne n'arrive à le dérider. Il évite les garçons de son âge.

Un jour le curé vient lui rendre visite à la maison :

- Bonjour Rose.

- Bonjour monsieur le curé, quelle surprise !

- Nesti est là ?

- Oui, je vais le chercher.

- Je ne te vois plus à l'église le dimanche Nesti, pourtant avant la guerre tu étais un bon servant de messe. Que se passe-t-il ?

- Rien, monsieur le curé, mais il faudra beaucoup de temps avant que je m'accepte comme je suis. Vous savez, je vois de la pitié dans chaque regard qui se pose sur moi et je ne le supporte pas. Quel est mon avenir ? Je sais que les gens ne sont pas mal attentionnés, mais c'est plus fort que moi. Au salon, ça passe encore, les clients sont gentils, mais dans la rue, c'est terrible.

- Laisse le temps au temps, viens quand même à la messe le dimanche, le Bon Dieu mérite ta présence, peut-être que tu verras les gens autrement à l'église. Tu me promets de venir, n'est-ce pas ?

- Oui monsieur le curé. Vous savez, demain je vais à l'hôpital pour me faire enlever mon pansement. J'appréhende un peu, mais on verra bien.

- Au fait j'ai failli l'oublier, nous allons rouvrir la salle des fêtes et remettre le club de gymnastique en place. Monsieur Dreyer veut bien s'en occuper comme avant. Tu étais bon gymnaste avant n'est-ce pas ? Alors je compte sur toi et, s'il faut de l'aide pour la restauration de la salle, tu seras le bienvenu.

- Merci monsieur le curé d'être venu, Nesti a tellement besoin qu'on s'occupe de lui, dit Rose. Lui donner d'autres responsabilités qu'au salon de coiffure, c'est une excellente chose, car c'est ce qui lui fait le plus défaut.

- Ne vous en faites pas Rose, on ne le laissera pas tomber.

***

Le grand jour est arrivé, Nesti est parti à l'hôpital de Mulhouse. Heureusement tout s'est bien passé, il accepte son visage, son visage sans bandeau.

Le samedi soir, il y a toujours quelque chose à la salle des fêtes. Monsieur le curé est très engagé dans la vie associative du village, la guerre est bien loin déjà et Nesti a rejoint le club de gymnastique. C'est un très bon athlète, surtout aux barres parallèles.

Un matin, une surprise l'attend lorsqu'il arrive au salon de coiffure. Le père de Julie est dans la salle d'attente, il est revenu avec sa famille. Bien sûr Nesti ne dit rien, mais dans son for intérieur il est heureux, il va revoir Julie. Ce sera plus facile pour lui maintenant qu'il est en paix avec son visage. Demain c'est le jour de fermeture, j'irai la voir se dit-il.

***

- Bonjour madame Schneider, Julie est là ? demande Nesti.

- Oui, elle suspend du linge dans le jardin derrière la maison. Tu peux y aller si tu veux.

- Merci madame Schneider.

La mère de Julie est très surprise de voir Nesti défiguré. Elle le regarde se diriger vers le jardin en se demandant ce qui a bien pu lui arriver.

Nesti aperçoit Julie de dos, affairée devant l'étendoir. Il l'appelle, elle se retourne.

- Nesti ! C'est toi ?

Elle court à sa rencontre, mais arrivée près de lui, elle s'arrête net.

- Nesti, que t'est-il arrivé, mon pauvre Nesti ?

Instinctivement elle le serre dans ses bras, des larmes roulent sur ses joues.

L'émotion passée, elle le regarde à nouveau. Il ne dit rien.

- Viens avec moi, on va finir de suspendre le linge, tu me raconteras.

- Cela m'est arrivé sur le front russe, tu te souviens lorsqu'un jour les Allemands sont venus nous chercher ?

- Bien sûr que je m’en souviens, j'ai même couru derrière les camions certainement pas pour les voir partir, mais dans l'espoir qu’ils s’arrêtent.

Nesti raconte ce qui lui est arrivé. Elle l'écoute attentivement, il remarque son effroi.

- Mon Dieu, comme tu as dû souffrir !

- Oui, j'étais laissé pour mort, mais je me suis accroché à la vie. J'ai eu beaucoup de chance. J'ai été opéré 12 fois sans être endormi.

- Comment est-ce possible ?

- Maintenant comme tu vois, je n’ai pas un beau visage. Au début, le regard des autres me faisait honte, mais aujourd'hui beaucoup moins. Et vous qu'avez-vous fait pendant tout ce temps ?

- Nous n'avons pas connu la guerre, car nous sommes partis chez mon oncle dans le sud en zone libre. Nous avons eu de la chance. Comme mon oncle exploite une ferme, rien ne nous manquait. Papa s'occupait du potager et des animaux. Le village où nous nous sommes réfugiés compte environ 200 habitants qui s'entraidaient pour les travaux des champs. Il y a beaucoup à faire dans une ferme. Vers la fin d'octobre, on a tué un cochon en organisant une grande fête à laquelle tout le village participait. Nous, les jeunes, nous regardions. Il faut bien quelques jours pour que le cochon soit transformé en jambon, saucisses, boudins, lard, que de bonnes choses. La vie était douce pour nous. Rien à voir avec ici.

- Si je n'ai pas connu vraiment la guerre, à part le bruit des sirènes et des obus, en revanche j'ai passé quatre longues années à l'hôpital. Grâce à Dieu, tout cela est derrière nous maintenant.

- Samedi soir, à la salle des fêtes, je joue dans une pièce avec la troupe de théâtre, tu viendras me voir ?

- Bien sûr, à quelle heure ?

- Nous commençons à 20h.

Le linge est depuis belle lurette suspendu que les deux jeunes amis discutent encore. Assis sur l'herbe, ils ne voient pas le temps passer.

- Julie, à table !

Il faut déjà partir, comme le temps passe vite !

- À samedi Julie !

- À samedi Nesti, au fait que fais-tu de tes journées ?

- Je travaille pour le moment au salon de coiffure de mon père, mais dès que les papiers d'indemnisations seront faits, je vais m'occuper de notre maison qui a été détruite.

Sur le chemin de retour, Nesti fait plaisir à voir. Pour la première fois, il est à nouveau heureux, car il vient de retrouver sa petite Julie. Elle est revenue au pays avec ses parents. Elle est jolie, Julie.

Une fois à la maison, il monte dans sa chambre, se laisse choir sur son lit et soudain éclate en sanglots. Depuis toujours, il aime Julie. Déjà à la maternelle, il s'était juré de l'épouser, mais maintenant, il n'a plus aucune chance. Qui voudrait d'un garçon avec un visage de monstre alors qu'il y a au village de si beaux jeunes hommes ? De plus, il ne gagne pas bien sa vie, travaillant chez son père pour trois fois rien.

On vient de frapper à la porte de sa chambre, Nesti s'efforce de sécher ses larmes.

- Oui ?

Sa sœur pousse la porte, elle vient de l'entendre pleurer et s'inquiète pour lui.

- Que se passe-t-il, pourquoi pleures-tu ?

- Ce n'est rien, j'ai juste un peu le cafard.

Elle le prend dans ses bras.

- Dis-moi ce qui se passe, cela te fera du bien.

- J'ai revu Julie cet après-midi.

Le silence s'installe dans la chambre, Paulette a tout de suite compris.

- Tu es amoureux d'elle n'est-ce pas ? Elle lui caresse les cheveux.

- Oui, mais à quoi bon, tu crois qu'elle voudra d'une gueule cassée comme moi ? Non bien sûr.

- Tu sais Nesti la nature va bien faire les choses, ton visage va petit à petit s'embellir. Tu dépasseras ce drame pour montrer ta véritable richesse, les qualités qui sont en toi. Le jeune homme que tu es au-delà du miroir. Regarde, le fils du bûcheron, il est revenu avec une jambe en moins et il n'a pas l'air si malheureux. Tu devrais d'ailleurs t'en faire un copain. Vous avez tous les deux de grandes qualités.

- Tu as sans doute raison, petite sœur, et puis Julie a peut-être déjà un amoureux. Merci Paulette ! Il embrasse sa sœur et tous les deux descendent, attirés par l'odeur de la soupe que leur mère a préparée.

***

Le mercredi soir, il y a entrainement au cercle catholique, Nesti s'y rend régulièrement. Les copains ne se moquent plus de lui, il est même admiré, car il fournit plus d'efforts que les autres. Il a maintenant un corps bien musclé, il est un bel athlète. Aux barres parallèles, il est le meilleur.

Un mercredi soir, l'entraineur annonce une bonne nouvelle :

- Dans 15 jours, nous allons organiser un concours avec les gymnastes de Roderen. Je vous préviens, ils sont très forts, mais nous avons l'avantage d'être chez nous. Exceptionnellement, on s'entrainera deux fois cette semaine et la semaine prochaine.

- Quelles disciplines vont concourir, monsieur ?

- Gymnastique au sol, cheval d'arçons, barres parallèles, barre fixe et anneaux. Vous porterez tous une tenue blanche et vous devrez avoir une présentation impeccable, car nous aurons beaucoup de spectateurs et donc d’admirateurs. Allez, au travail !

Tous les jeunes se réjouissent de se produire en spectacle, Nesti le premier, car il sait qu'aux barres parallèles il est de loin le meilleur.

Les deux semaines passent très vite et, le jour venu, la salle des fêtes est pleine à craquer. Il y a même un peu de confusion dans l'organisation, car il n'y a pas suffisamment de sièges. Tout le village est là, une grande partie de Roderen aussi. Les maires des deux communes font chacun un bref discours. La fanfare joue quelques airs de musique, avant de passer le relais aux jeunes majorettes. Comme elles font plaisir à voir, les mamans sont fières de leurs filles revêtues des tutus qu'elles ont elles-mêmes confectionnés.

Les commerçants ont organisé une tombola dont la recette servira à réparer le clocher de l'église qui a subi quelques dégâts. Les gymnastes de la catégorie poussin (6 ans) et les minimes (7 - 9 ans) vendent des tickets de tombola avant le spectacle. Ils sont tellement craquants que tous les billets sont vendus en un rien de temps. Madame Banwarth, la boulangère, remet la recette à monsieur le curé ravi de cette manne. Dans la cohue, elle frôle l'épaule nue de Nesti qui se trouve avec les autres athlètes autour de monsieur le curé. Elle lui lance un regard qui en dit long. Il faut reconnaître que le marcel de Nesti d'une blancheur immaculée met en valeur ses épaules d'athlète. Il a remarqué le coup d'œil de la boulangère et il en est fier dans son for intérieur.

Peu à peu tout le monde prend place, le spectacle va pouvoir commencer.

Roulements de tambour et trompette ...

Dans les coulisses, derrière le rideau, chaque participant scrute les spectateurs cherchant du regard un parent, un ami, une amie... Nesti cherche bien sûr Julie. Il finit par la voir assise à côté de ses parents.

Tout le monde applaudit les majorettes ; monsieur le curé est aux anges, car il est l'organisateur de cette soirée.

C'est l'entracte, des jeunes filles vendent des friandises, ces petites douceurs que tout le monde a plaisir à retrouver après en avoir été si longtemps privé à cause de la guerre. Quant à Nesti, il n'a qu'une idée en tête, saluer Julie.

Dix minutes plus tard, dans un brouhaha, une clochette retentit et le rideau s'ouvre sur l'entraineur et les membres du jury composé du même nombre de représentants pour chaque village. L'entraineur, fuseau et marcel impeccables, prend la parole :

- Mesdames et messieurs, je vous remercie d'être venus si nombreux pour admirer vos enfants qui ont beaucoup travaillé afin de vous présenter un beau spectacle. Je remercie monsieur le curé fondateur du cercle catholique, je remercie messieurs les maires des deux communes. Vous allez voir des exercices de gymnastique programmés aux épreuves olympiques. Les membres du jury que voici donneront une note de 1 à 10 et à l'issue de toutes les épreuves, le total des notes désignera le village vainqueur. Bien entendu, les participants adoptent tous l'esprit du baron de Coubertin en reprenant la devise : *« L'important, c'est de participer ! »*

Les épreuves se déroulent sous les applaudissements, car le spectacle est de qualité.

C'est maintenant au tour de Nesti, il a le cœur qui bat. Voilà qu'il s'élance et virevolte au-dessus des barres fixes pour fournir une prestation digne des plus grands gymnastes. À la fin de l'exercice, lorsque ses deux pieds touchent le sol dans une parfaite symétrie, sans le moindre rebond, la salle se lève pour l'applaudir. Il aperçoit Julie frapper vigoureusement dans ses mains. Il arbore un large sourire, cela ne lui était plus arrivé depuis quatre ans.

***

Nesti voit Julie tous les jours, en bon copain comme au temps de l'école. Il voudrait bien lui parler un jour d'amour, mais ne sait pas comment l'aborder. Peut-être lors d'une nouvelle pièce de théâtre, car il sait maintenant qu'elle n'a pas d'amoureux. Il a beau s'armer de courage, il a peur, peur de son visage. Pourtant, il faudra bien qu'il aborde un jour ce sujet avec Julie. Il aimerait tant pouvoir serrer une femme dans ses bras et l'aimer, cela mettrait fin à son horrible obsession : ne plus jamais attirer les regards féminins, pire les faire fuir. Il y a bien des filles de joie dans les grandes villes, dans les bars, mais cela ne fera jamais de lui un être aimé.

Un aveu difficile à faire

Samedi soir il y a théâtre, il ira voir Julie.

À la fin de la représentation, selon la coutume, le verre de l'amitié est proposé aux spectateurs. Il attend Julie, elle vient tout sourire, ils boivent un jus de fruits.

- Tu as été magnifique, je ne connaissais pas tes talents de comédienne. Au fait, Julie, j'ai quelque chose d'important à te dire, peut-on s'asseoir là-bas ?

- Si tu veux.

Lorsqu'ils sont assis, il lui prend la main pour la première fois. Instinctivement elle la retire, il la reprend.

- Julie, je suis amoureux de toi depuis l'école. En Allemagne, c'est le souvenir de ton visage qui m'a permis de tenir le coup.

Julie redoutait une telle déclaration.

Malheureusement, elle n'aime pas Nesti, du moins elle ne l'aime pas d'amour. Ce qu'elle a à lui dire est délicat, alors elle laisse un court moment de silence, puis à son tour lui prend la main, le regarde tendrement dans les yeux, affectueusement même.

- Nesti, on se connaît depuis l'école maternelle, on a joué ensemble alors que nous étions de tout petits enfants, mais je n'éprouve pas d'amour pour toi, seulement de l'amitié, mais une solide amitié.

- C'est mon visage qui te répugne ?

- Non, dit-elle en lui caressant le visage et en déposant un baiser sur sa joue meurtrie. Tu es pour moi un copain, l'amour je n'y pense pas, pas encore. Plus tard j'aimerais être comédienne, l'amour ne fait pas partie de mes préoccupations pour le moment. Je suis flattée que tu aies pensé à moi, mais je ne partage pas tes sentiments à mon égard. On reste amis, n'est-ce pas ? J'ai besoin de toi, mon petit Nesti.

- Écoute Julie, si tu me laisses encore une fois rentrer seul chez moi, je ne reviendrai plus.

Il y a un silence pesant et sans que Nesti s'y attende, la réponse de Julie tombe, comme un poignard qui lui traverse le cœur :

- Je crois que c'est mieux ainsi, Nesti !

Tandis que tous ses espoirs s'effondrent, il l'entend rajouter :

- Oui, ne reviens pas… Au moins pendant quelque temps. Après, on verra…

Nesti baisse la tête, lui serre fort la main, puis s'enfuit en courant, persuadé que c'est sa laideur qui est la cause de tout. Julie aimerait lui faire comprendre que sa blessure n'y est pour rien dans son refus, mais comment le lui faire comprendre. Se sentant impuissante, elle est malheureuse pour lui.

Depuis ce soir-là, Nesti est devenu taciturne. Il n'est plus jamais allé à la rencontre de Julie, mais les soirs de spectacle il est toujours présent et s'arrange pour que Julie le voie.

- Maman, Nesti ne va pas bien, il ne sort plus. J'ai rencontré Julie l'autre jour, elle m'a raconté qu'il était amoureux d'elle, mais ce n'est pas réciproque. Que peut-on faire ?

- Et toi ma fille, as-tu un amoureux ?

- Non maman, pas pour le moment, il y a bien l'un ou l'autre garçon qui me plait bien, mais ce n'est pas à moi de faire le premier pas.

- Tu as raison ma fille, pour Nesti laissons faire les choses, j'ai une petite idée, mais j'en parlerai à ton père. Et toi si tu as un amoureux, tu feras attention. N'est-ce pas ?

- Bien sûr maman, je ne vais pas me jeter dans les bras du premier venu.

Paulette et sa mère se mettent à rire.

- Et toi maman, comment as-tu connu papa ? Vous n'en parlez jamais.

- Ton père, oh ! c'est une bien drôle d'histoire. J'habitais à Labaroche avec ton oncle où mes parents possédaient une petite ferme. Mon frère avait les cheveux longs et mon père détestait cela. Il a demandé à un ami si son fils, coiffeur à Colmar, pouvait venir à la maison couper les cheveux de ton oncle. Elle se mit à rire en repensant à cette histoire.

- Et alors ?

- J'ai vu ton père arriver de loin à vélo, revêtu de sa blouse de coiffeur. Il peinait sur sa bicyclette, mais il faut dire que de Colmar à Labaroche, il y a une sacrée trotte. De plus il était chargé, il portait en bandoulière un sac avec son matériel de coiffeur. Tu vois la scène, un vieux vélo, une blouse grise lui tombant presque sur les chevilles, la côte pour arriver chez nous ! Le pauvre était hors d'haleine. Il nous a expliqué qu'il était parti du salon sans se changer faute de temps, car il faisait des extras. Mais il avait promis à son père de venir chez nous et il avait voulu tenir sa promesse. C'était courageux quand même !

- Tu l'as tout de suite aimé ?

- Figure-toi que oui, un véritable coup de foudre. Il avait l'âge de ton oncle et ils sont devenus copains. Mais ton père a mis du temps pour me déclarer sa flamme, je crois que nous avons mis six mois avant de nous embrasser. C'était à la guinguette du village, un soir de bal. Pourtant on se voyait souvent.

- C'est une belle histoire, maman.

***

Les jours passent, de plus en plus de monde fréquente le salon, de plutôt bonne réputation.

- C'est bientôt l'anniversaire de Nesti. Il est travailleur et ne demande jamais rien. Sa mère aimerait lui faire un beau cadeau.

- Paul ! Nesti va bientôt fêter son anniversaire. Comme tu ne lui donnes jamais d'argent, d'ailleurs il ne t'en demande pas, j'aimerais que tu lui fasses un beau cadeau.

- Un beau cadeau ! Mais quoi ?

- J'ai pensé à un vélo, cela lui permettrait de se rendre au bal musette. Ce serait pour lui l'occasion de sortir et, selon Paulette, c'est un excellent danseur. Il reste trop souvent enfermé. Depuis que Julie lui a opposé un refus, il ne va plus danser.

- Un vélo ! Mais tu te rends compte du prix d'un vélo !

- Et alors, le salon marche bien, ne fais pas le radin. Il le mérite bien, bon sang.

- Bon, bon, j'irai voir Fernand, il a peut-être des vélos d'occasion.

- Ah non, un vélo neuf, je te dis.

- Bon d'accord, acquiesce Paul tout en faisant la moue.

***

Le vélo fait la joie de Nesti. Heureux comme un gamin, il l'enfourche et on ne le revoit qu'en fin d'après-midi.

- Je suis allé jusqu'à la Fourmi, là- haut, c'est super, merci à vous deux.

Tout son temps libre, Nesti le passe sur son vélo demi-course équipé d'un guidon comme celui des coureurs du tour de France. Il est fier. Bientôt les sorties de 50, voire de 80 km ne lui font pas peur. Il faut dire que la gymnastique a fait de lui un bel athlète, grand et fort.

- Regarde, Paul, comme il est heureux et beau sur son vélo, tu vois que c'était une bonne idée, s'exclame la mère de Nesti.

- Oui, tu as raison, chérie, comme toujours d'ailleurs.

La guerre n'est plus qu'un mauvais souvenir pour la famille Muller, mais bien sûr pour ceux qui ont perdu un fils ou un mari, ce n'est pas la même chose.

La reconstruction des villages donne beaucoup de baume au cœur aux Alsaciens qui ne sont pas toujours bien vus par ceux qui habitent au-delà des Vosges et qui se disent « de l'intérieur », sous-entendant que L'Alsace n'est pas en France. L'Alsace est pourtant une des plus belles régions de France et l'Alsacien est courageux et travailleur. Les Alsaciens ont été longtemps meurtris par ceux qui les traitaient de Boches ou de collabos.

Moosch est un charmant village où il fait bon vivre, mais les occupations manquent pour les jeunes. La plupart d'entre eux font des travaux à la maison ou s'occupent du jardin pour venir en aide à la famille. Chaque foyer possède un potager et comme la plupart des pères de famille travaillent à l'usine textile, ce sont les jeunes qui font pousser les légumes sous la surveillance et le contrôle des parents. On cultive des pommes de terre, des tomates, de la salade et bien d'autres légumes. Entre copains, les échanges de légumes ou de fruits représentent un véritable commerce.

Chez les Muller, c'est Paulette qui s'occupe du potager. Nesti, lui, bêche la terre et prépare les emplacements pour les légumes. C'est également lui qui s'occupe des animaux. Le matin, avant l'ouverture du salon, il part dans les champs chercher de l'herbe pour les lapins et ramasse les œufs des poules qui vivent dans un grand enclos. Il est également chargé de contrôler régulièrement la solidité de la clôture du poulailler sinon les renards feraient des massacres. Maman Rose, quant à elle, s'occupe de tuer les animaux pour les grandes occasions. Le dimanche, il y a toujours du lapin, une poule ou un canard et à Noël, on déguste en famille la traditionnelle dinde. Ainsi se passe la vie dans les familles qui habitent Moosch et sûrement dans tous les villages d'Alsace. L'Alsacien moyen n'est pas riche, mais il ne manque de rien.

Le soir, les jeunes se donnent rendez-vous au bistro du village. Monsieur Schruoffenecker, le tenancier, a investi dans une salle attenante au bar pour en faire une salle de jeux. Il a eu du flair, car les jeunes des villages environnants y viennent aussi pour s'amuser.

Les hommes, jeunes ou vieux, jouent à la Belotte, au Rami, aux fléchettes, mais le loisir préféré des plus jeunes est incontestablement le babyfoot. Le bistrotier a installé plusieurs babyfoots dans cette grande salle, ainsi le samedi soir il y a de l'ambiance entre joueurs de toutes les générations. L'animation du bistro ne serait pas complète sans les cuites magistrales de certains anciens, car, il faut le dire, la bière et le vin blanc coulent à flots le samedi soir.

Rose n'aime pas beaucoup savoir Nesti au bistro, mais elle se garde bien de faire la moindre réflexion.

***

Un jour le maire vient voir le coiffeur, un papier officiel à la main.

- Ça y est, Paul, tu peux t'occuper de ta maison, enfin tu peux la faire disparaître.

Sans plus attendre, comme promis, Nesti se met au travail. Il partage son temps entre le salon et son chantier. Paul est fier de son fils.

Pour se faire un peu d'argent de poche, Nesti a eu l'idée de vendre aux commerçants du village une partie du fruit de son travail, autrement dit des lapins, des poules, des œufs et quelques légumes. Son père ne voit pas d'un bon œil ce petit commerce sauvage, mais il laisse faire, car il pense que cela va permettre à Nesti de se faire des relations pour le salon. Petit à petit, grâce au bouche-à-oreille, le jeune homme a maintenant une dizaine de clients réguliers.

Un jour, la boulangère lui commande avec un large sourire un lapin pour le dimanche. Elle n'a pas oublié ses larges épaules de gymnaste.

- Peux-tu m'apporter, samedi matin à l'ouverture, un lapin grand et fort comme toi ?

- Bien sûr madame Banwarth.

Nesti est un garçon organisé, il ne manque jamais un rendez-vous surtout pour son petit commerce. Ce samedi-là, il se lève plus tôt afin de tuer et de préparer le lapin pour la boulangère. Lorsqu'il arrive à la boulangerie, madame Banwarth lui ouvre la porte et referme aussitôt le verrou derrière lui.

- Viens Nesti, apporte ton lapin dans le fournil, mon mari dort maintenant, mais quand il se lèvera il s'occupera de ce beau lapin. Dis-moi combien coûte ton lapin ?

- 15 francs, madame.

- Oh ! Un peu cher, je vais te chercher l'argent.

Nesti est maintenant seul dans le fournil qui sent bon le pain que le boulanger a cuit. Un pain délicieux très apprécié par les habitants du village. Le jeune homme découvre le fournil pour la première fois.

Lorsque madame Banwarth revient, elle tient dans sa main les billets pour le lapin. Elle s'approche de Nesti et le plaque brusquement contre des sacs de farine.

- Pour ce prix, cela mérite bien une récompense. Je n'ai jamais embrassé une bouche de travers. J'ai vraiment envie de toi... De sentir tes mains se promener sur mon corps. J'ai envie de t'embrasser, en commençant bien sûr par ta bouche.

En disant ces mots, elle lui passe ses mains autour du cou et l'embrasse fougueusement. Elle lui roule une pelle de connaisseuse !

Il ne s'attendait pas à une telle fougue de la part de madame Banwarth, il essaie de se dégager.

- Hé là, lâchez-moi s'il vous plaît, madame Banwarth !

Mais elle le tient fermement.

- Ne t'en fais pas, le magasin est encore fermé et mon mari dort profondément. Quel âge as-tu Nesti ?

- 21 ans, madame.

- Appelle-moi Joséphine. Embrasse-moi encore. J'aime les jeunes forts, je t'apprendrai beaucoup de choses.

Nesti, rouge de honte, parvient enfin à se dégager, secoue son pantalon plein de farine et s'en va. C'est alors qu'une ancienne peur revient au galop : pourra-t-il faire un jour l'amour, comme tous les hommes ?

Madame Banwarth le laisse partir en riant.

- Hum ! Que c'est bon un jeune !

Nesti revoit la boulangère plusieurs fois, mais rien ne se passe jusqu'à ce jour tant attendu. Elle l'entraîne sur un tas de sacs de farine et se laisse prendre, fougueusement, bestialement, sans retenue. C'est jour de fermeture, son mari étant parti pour la matinée chercher de la farine au couvent.

- Te voilà un homme maintenant, mon Nesti...

Il lui sourit timidement.

Mais les jours suivants, la boulangère devient beaucoup trop entreprenante, elle l'étouffe. Il décide alors de ne plus la voir. Qu'à cela ne tienne, elle l'a vite remplacé.

***

La gymnastique et le vélo semblent suffire au bonheur de Nesti, il va de village en village et avale de plus en plus de kilomètres. Mais quand il aperçoit des couples amoureux qui batifolent dans l'herbe, il s'enfuit en roulant de plus en plus vite et pleure de rage à grosses larmes. Pourquoi eux et pas moi ? Toujours solitaire, sans amoureuse, il déprime de plus en plus.

Un jour de juillet, René, l'employé de son père, l’interpelle dans le salon.

- Nesti, samedi soir c'est le 14 juillet, c'est aussi le bal annuel des coiffeurs. Cette année, il se déroulera à Cernay. Je t'invite, il y aura un repas puis de la danse. On va bien s'amuser !

- Excellente idée, René, renchérit Paul.

- Non, vous savez bien que je ne veux pas sortir. Avec la gueule que j'ai, on va se moquer de moi et je n’oserai inviter aucune fille.

René aime bien Nesti, ils ont à peu près le même âge. Il insiste :

- Ne fais pas le timide, tu vas toujours au bal quand il a lieu dans le village, je le sais.

- Oui, mais ici on me connait, on me respecte.

- Il y en a marre, toi et ta gueule, on dirait que tu as été le seul à faire la guerre. Beaucoup sont morts certes, mais d'autres, hein ! Une jambe ou un bras en moins, et pourtant ils s'amusent. D'ailleurs si tu ne veux pas t'amuser, fais-le pour toutes ces filles qui sont seules. Tu n'es peut-être pas beau, mais tu n'as plus de bandages sur ta tête. De plus, tu es un sacré danseur, je t'ai déjà vu.

- Bon, bon, ça va je viendrai !

- À la bonne heure. En rentrant, j'achète les billets.

***

Nous sommes samedi et en fin de journée, René demande à Nesti comment il compte se rendre à Cernay.

- À Cernay, mais pour quoi faire ?

- Mais pour le bal, Nesti. Tu as déjà oublié ?

- Ah oui le bal, j'avais complètement oublié. Eh bien je m'y rendrai à vélo, ce n'est pas loin Cernay.

- Ok, mais tu te mets sur ton 31. Je t'attends à l'entrée du cercle catholique à 19h.

***

Nesti prend une douche, se parfume, se regarde dans le miroir de sa chambre et pour la première fois ce visage ne lui fait pas honte. Il enfile son costume du dimanche, noue autour du cou une belle cravate assortie et descend se montrer à ses parents qui sont seuls, car Paulette est chez une copine.

- Je représente bien le salon ? demande-t-il en tournant sur lui-même.

- Tu es beau, mon fils, dit sa mère.

- Tiens Nesti, c'est pour toi, amuse-toi bien ! Son père lui glisse un billet dans la poche.

Après avoir mis des pinces à linge pour ne pas salir son pantalon, il enfourche son vélo. Il est 18h, la soirée est douce, il pédale à vive allure. Au fond, il est heureux de sortir.

Devant le cercle catholique, il attend René, il est un peu en avance. Soudain, il entend le klaxon d'une moto, c'est René. Une jeune fille assise à l'arrière le tient par la taille. Une deuxième moto arrive, visiblement ils sont ensemble. C'est un couple d'amis de René, George et Nathalie.

- Salut Nesti, tu as bien roulé ? Viens, je te présente des amis qui partageront notre table et voici la plus jolie de la soirée, ma sœur Delphine.

- Je ne savais pas que tu venais avec ta sœur.

- Eh bien maintenant tu le sais. Delphine aime danser et je lui ai dit que tu étais un bon cavalier. Alors elle a voulu venir. Cela ne te dérange pas ?

- Non bien sûr, bonsoir Delphine !

- Bonsoir Nesti !

Au bal des coiffeurs, on y danse, on y danse …

Une première rencontre est toujours importante, même s'il ne s’agit pas à priori d’une rencontre amoureuse.

À peine Delphine a-t-elle posé le regard sur Nesti que son cœur frissonne. Cette jeune fille timide est songeuse, elle pense à la vie qu'elle mène, elle n'a jamais connu d'amoureux. Dans son village de Battenheim, il n'y a rien à faire le dimanche, pas de loisirs ; en fait, il n'y a pas beaucoup de garçons de son âge et la plupart sont des paysans. Elle se passionne pour le tricot, elle tient cela peut-être de son père qui a un atelier de couture. Sinon elle est préposée à la lessive de la maison. Quand elle va au lavoir avec sa grosse corbeille de linge posée sur une brouette, elle retrouve ses copines. Les cancans et les fous rires lui font oublier que c'est un travail pénible de laver le linge, surtout les draps. Le dimanche après-midi, elle se promène avec ses amies le long des berges de l'Ile, une rivière capricieuse qui se jette dans le Rhin. La semaine, elle travaille comme dactylo dans une grande usine qui fabrique du fil à broder. Elle a deux frères et trois sœurs qui sont tous célibataires, excepté l’aînée, Cécile.

- Bon, maintenant que les présentations sont faites, je vais voir où est notre table, dit René.

Elle est curieuse, cette première rencontre de Nesti avec Delphine. Le jeune homme n'a pas du tout pensé à son visage en la voyant, pas une seconde, et Delphine n'a montré aucun signe d'étonnement. Peut-être que René a fait la leçon à sa sœur. Malgré tout, Nesti est mal à l'aise.

La salle de bal est remplie de monde, les gens prennent place autour de tables joliment décorées. Celle que René a réservée est un peu à l'écart de la piste de danse et c'est bien mieux ainsi, se dit Nesti. À leur tour, le petit groupe d'amis s'installe tandis que René regarde autour de lui. Il ne connaît personne, mais cela lui est bien égal.

Nesti s'assoit à côté de Delphine, prenant soin de se positionner du côté de son beau profil. Les autres sont en face, René est à côté de sa sœur.

René met de l'animation, c'est un boute-en-train, Nesti ne le connaissait pas ainsi. Les plats arrivent, ils commencent à manger.

Pour que la gêne ne s'installe pas entre eux, René annonce la couleur :

- Mes amis, Nesti est un blessé de la face. Il a été sur un champ de bataille, mais tous les Allemands qu'il a tués sont encore vivants. Vous voyez ce que je veux dire ! Excellent soldat, n'est-ce pas ?

- Nesti, que vous est-il arrivé ? demande Delphine.

- Ah non, rétorque René, c'est le bal des coiffeurs, pas de chichis entre nous, on se tutoie.

Cela ne déplairait pas à René de voir se rapprocher ces deux grands timides. Il a beaucoup d'estime pour Nesti.

- Tu as raison, répond Georges.

- Ce qui m'est arrivé est une histoire incroyable, j'ai eu beaucoup de chance, répond Nesti. Très à l'aise, il parle avec beaucoup de naturel de son aventure. Nathalie et Delphine l'écoutent avec un certain pincement au cœur lorsqu'il raconte comment il a été opéré sans être endormi. Très vite, Delphine éprouve de l'admiration pour ce jeune homme qui n'avait alors que 17 ans lorsque le drame s'est produit.

Assailli de questions par les quatre convives, Nesti ne se rend pas compte qu'il est le centre de la discussion.

Tous portent un intérêt à ce jeune homme, tant l'histoire qu'il raconte est captivante et l'atroce souffrance qu'il a subie inspire le respect.

Nous arrivons au dessert, l'orchestre va bientôt se mettre en place et la fête va commencer.

Les musiciens entonnent une série de valses tandis que Nesti se lève et, rassemblant tout son courage, invite Delphine à danser. Surmontant sa timidité, la jeune fille accepte l'invitation ; après tout, elle est venue pour danser. Ils s'élancent, virevoltent avec une telle harmonie qu'ils paraissent danser ensemble depuis une éternité. Charmé par les sourires de sa cavalière, Nesti met tout en œuvre pour être un magnifique cavalier, son cavalier. Il trouve que Delphine est la grâce même.

Une autre valse succède à la première et une autre, et encore une autre. Maintenant c'est Delphine qui entraine Nesti sur la piste en le tirant par le bras. Qui aurait pu imaginer une telle situation ? Ils forment un beau couple et semblent heureux. René les observe, il sourit.

Par politesse, Nesti invite Nathalie tandis que Delphine danse avec son frère.

- Alors sœurette, comment trouves-tu Nesti?

- Il danse merveilleusement bien, je me régale.

René ne dit rien.

La nuit est de plus en plus avancée. À part deux danses, Nesti passe toute la soirée avec Delphine, ravie de son cavalier. Le clou de la soirée arrive : une série de slows, une nouvelle danse importée d'Amérique qui fait fureur dans les salles de bal. Au premier slow, Delphine se serre contre son cavalier, elle lui passe les bras autour du cou. Sur la piste, les lumières ont baissé d'intensité, la magie de l'amour fait son effet, mille baisers s'échangent entre les danseurs. Nesti ne fait pas exception, il approche ses lèvres de celles de Dephine, mais elle les esquive en lui souriant. Le jeune homme a compris, il ne tentera plus une telle approche.

- Où as-tu appris à danser si bien ? lui demande Delphine dans le tourbillon d'une valse.

- Avec ma sœur, dans la cave de notre maison où nous avions installé une salle de jeux. Paulette aime danser et avant que je parte à la guerre, elle m'a appris la valse, le tango, et d'autres danses.

- Tu dis « nous avions », pourquoi ?

- Parce que notre maison a été bombardée, elle est complètement détruite. La mairie a mis à notre disposition un appartement et un local pour que mon père puisse exercer son métier.

Entre deux danses, Nesti et Delphine retournent à leur table. Le jeune homme se livre à sa jolie cavalière, il lui raconte sa vie, lui parle du métier qu'il aimerait faire, de sa passion pour la gymnastique.

- Tu veux boire quelque chose ? demande-t-il.

- Je prendrais bien une limonade.

- Va pour deux limonades, je reviens tout de suite.

Elle le regarde s'éloigner, songeuse, les coudes sur la table, se tenant les joues. Comme il est gentil ! se dit-elle.

De retour, l'air un peu embarrassé, Nesti tient un verre dans chaque main et lui adresse un beau sourire qu'elle lui rend aussitôt.

- J'ai mis un peu de temps, mais il y a beaucoup de monde au bar.

- Non le temps ne m’a pas paru long, lui dit-elle en le regardant droit dans les yeux.

- Pour moi si, réplique Nesti.

Delphine rougit.
Ils ne se disent plus rien, sirotent leur limonade tranquillement.

Quand Delphine pose son verre vide, il se lève, lui tend le bras et l'invite à danser. Elle ne se fait pas prier.

De temps en temps, René vient prendre des nouvelles, s’assurer que tout va bien. Delphine se sent de plus en plus à l'aise avec son cavalier, ils s'amusent beaucoup, se parlent beaucoup.

Il est deux heures du matin, les gens commencent à partir, la salle de bal se vide progressivement. René fait signe à sa sœur, c'est le moment de rentrer. Nathalie et Georges sont partis depuis belle lurette.

- Je vous offre une dernière coupe, puis on s'en va, dit Nesti à René et à sa sœur.

- Ok dit précipitamment Delphine, qui aurait bien aimé rester encore un peu.

***

C'est le moment des séparations, Nesti reprend son vélo, René et Delphine la moto.

- J'ai passé une belle soirée, Delphine, j'espère qu'on se reverra, dit Nesti.

- J'ai passé moi aussi une belle soirée, j'aime danser et tu es un bon cavalier. Ton histoire m'a bouleversée, bien sûr que l'on se reverra.

- Allez Delphine, on s'en va, monte derrière moi ! dit son frère.

Il les regarde s'éloigner, Delphine se retourne et lui fait de grands signes de la main. Il fait de même.

Grâce à la lumière de la pleine lune, Nesti aperçoit toujours Delphine sur la moto, elle regarde dans sa direction.

Elle est songeuse et lorsqu'elle ne peut plus voir son charmant cavalier, elle passe tendrement ses bras autour de la taille de son frère et pose la tête sur son épaule. Elle repense à la soirée, aux valses avec Nesti, à son récit sur sa guerre. Elle ferme les yeux, s'imagine un moment sur une moto conduite par Nesti, puis se serre contre son frère. Elle est heureuse.

***

Le lendemain matin, Paulette entre dans la chambre de son frère.

- Alors frangin, tu es rentré tard cette nuit ; c'était bien ?

- Oui, j'ai passé toute la soirée à danser avec la sœur de René, une jolie fille très sympathique. Des valses endiablées comme si nous avions toujours dansé ensemble.

- Raconte, dit-elle impatiente d'en savoir un peu plus, tant Nesti semble heureux.

- Oh que veux-tu que je te dise, on a dansé toute la soirée, aucun autre danseur n'a pu l'inviter tellement nous étions bien.

- Oh là ! Ça sent l'amour, dit-elle en rigolant.

- Mais non, elle est sympathique je te l'ai dit, timide aussi. Quant à moi, avec ma gueule c'est autre chose. De toute la soirée, je n'ai parlé qu'avec elle. On s'est promis de se revoir, l'été est encore long.

- Je suis contente que tu aies passé une belle soirée. Nesti, même si l'amour n'est pas au rendez-vous, continue à la voir. Il y a tant de choses à faire, même entre amis.

- J'y compte bien, frangine.

***

Par un dimanche ensoleillé, Nesti prend son vélo et décide de pédaler jusqu'au bord du Rhin, une belle virée ! Delphine lui a permis d'oublier un peu qu'il était différent des autres, il se souvient qu'elle l'a souvent regardé dans les yeux lorsqu'ils dansaient la valse. Il ne veut pas se poser trop de questions, le fait qu'elle n'ait pas détourné la tête suffit à son bonheur. Arrivé au bord du Rhin, il pose son vélo et s'allonge sur l'herbe, le regard tourné vers le ciel d'un bleu azur. Dans la forme des nuages qui défilent paresseusement, il aperçoit des animaux bizarres. Delphine revient constamment dans les milliers de pensées qui l'assaillent.

- Maman, je crois que Nesti a passé une belle soirée avec René et sa sœur, n'as-tu pas constaté un changement chez lui ? dit Paulette.

- Ah, Nesti est allé au bal avec René et sa sœur ? Quelle bonne idée ! Tant qu'il continuera à s'amuser, il finira par oublier son visage.

Le mardi suivant, une nouvelle semaine commence au salon. René ne dit rien à Nesti sur leur sortie du samedi soir, il attend qu'il en parle le premier. Finalement, c'est Paul qui revient sur la soirée. René, as-tu vu monsieur Buttung, le président des coiffeurs, samedi soir ?

- Oui monsieur Paul, d'ailleurs il m'a demandé pourquoi vous n'étiez pas venu au bal. Il nous a fait un beau discours, très prometteur pour la profession. Au fait, vous avez le bonjour de monsieur Ringenbach.

Il n'y a pas encore de clients et voyant que Nesti ne disait rien sur cette fameuse soirée, René le questionne.

- Alors Nesti, tu t'es bien amusé avec ma frangine samedi soir ?

Un peu taquin et légèrement provocateur, il aimerait en savoir un peu plus.

- René, tu as bien fait d'insister pour que je vienne, car j'ai passé une agréable soirée. Dimanche matin, j'avais les jambes un peu lourdes après avoir dansé. L'orchestre n'était pas mal non plus. Je connais maintenant Delphine, mais je ne savais pas que tu avais trois autres sœurs et un frère. Vous êtes une grande famille !

- Oui, une grande famille, à table les discussions vont bon train, mais bon, toi c'est Delphine qui t'intéresse ?

- Comment ça, ben non, la prochaine fois, viens avec les quatre, comme ça je pourrai choisir.

- C'est ça, tu ne sors jamais, tu ne dragues jamais et maintenant tu veux le beurre, l'argent du beurre et la crémière. Ce n'est pas possible coquin, de toute façon je n'ai qu'une seule place à l'arrière de ma moto. Et puis fais gaffe, Dephine est jalouse comme toutes les filles.

René et Nesti rient de bon cœur.

- Bon ! Dimanche prochain que fais-tu ? demande Nesti.

- Je n'ai rien prévu, pourquoi ?

Si on pique-niquait au bord de la rivière, on pourrait aussi se baigner, ce serait sympathique.

- Je vais réfléchir. Au fait, rien que tous les deux ? interroge René, taquin.

- Mais non, idiot !

- Alors j'emmène Delphine ?

- Si elle veut ainsi que tes autres sœurs, et pourquoi pas Nathalie et Georges. Vous prendriez tous le bus !

Des clients entrent, il faut passer aux choses sérieuses.

Alors qu'il se met au travail, Nesti croise son regard dans un miroir. Malgré lui, il sursaute !

Ce visage ne va-t-il pas être un obstacle à l'amour qu'il éprouve pour la jeune fille dont il vient de faire la connaissance. Il tente de se rassurer : il a beau chercher, il n'a jamais vu dans les yeux de Delphine la moindre pitié ou la moindre gêne vis-à-vis de lui.

Le lendemain du bal des coiffeurs, les sœurs de Delphine la harcèlent de questions. Elles partagent toutes la même chambre, mais ne l'ont pas entendue rentrer dans la nuit. Comme Paulette, elles sont impatientes de savoir comment s'est passée la soirée.

- Raconte, Delphine, comment est le patron de René ? demande une des sœurs en faisant allusion à Nesti.

- Ce n'est pas son patron, ils ont à peu près le même âge. Mais Nesti, car il s'appelle Nesti, sera un jour mon mari s'il me le demande. Je l'aime déjà.

En entendant cela, ses sœurs restent bouche bée.

- René nous a dit que Nesti était revenu défiguré de la guerre et tu aimes déjà une tête cassée ? As-tu pensé à ce que diront les autres, à toutes les moqueries que tu vas entendre et d'ailleurs qu'est-ce qui te fait dire que tu l'aimes déjà ?

- Rien de précis, mais il est doux, affectueux, il fallait voir comme il me faisait tourbillonner en dansant la valse. Dans ses bras forts, je me sens en sécurité. Qu'il ait la bouche de travers, cela m'est égal, et puis il a tellement souffert qu'il mérite d'être aimé. Et puis zut, vous m'embêtez, peut-être ne voudra-t-il rien savoir de moi, pourtant je l'aime déjà, j'en suis sûr.

- Eh bien dis donc, ajoutent les sœurs en chœur, premier bal, premier amour. Vous allez vous revoir ? Moosch n'est pas la porte à côté !

- Je ne sais pas, cela dépend de René.

- Allez rendors-toi, tu as du sommeil à rattraper. Et attention, ne rêve pas trop !

- Pourquoi je ne pourrais pas rêver ? rétorque Delphine.

Madeleine, la sœur aînée, est très proche de Delphine, elle n'a rien dit devant les autres. Elle la retrouve un peu plus tard, seule à seule :

- Delphine, tout à l'heure quand tu nous as parlé de Nesti, je te connais suffisamment bien pour remarquer que tu avais le regard triste. Pourquoi ? Quelque chose s'est mal passé ?

- Non, mais tu as raison, je suis triste parce que malgré mon apparente assurance, ma tête est remplie de doute.

- Pourquoi ?

- J'ai été très émue lorsqu'il a raconté ses souffrances, ses terribles souffrances, je pensais à cette guerre, à tous ces morts, ces blessés. Je vous ai menti lorsque je vous ai dit que je l'aimais déjà, car c'est ce que vous vouliez savoir. En fait, j'ai surtout de la pitié pour lui.

- L'amour est complexe, Delphine, la pitié en fait partie, cela veut dire qu'il ne t'est pas indifférent. N'est-ce pas déjà un premier pas ?

Madeleine sourit. Elle a déjà connu plusieurs histoires et elle sait ce qu'on peut ressentir la première fois qu'un garçon pose ses yeux sur une jeune fille.

- Tu sais Madeleine, il y a autre chose, je ne sais pas comment lui faire comprendre que j'ai des sentiments pour lui. Et puis, j'ai parfois un doute. S'il n'avait fait que s'amuser avec moi !

- Ah ! Tu vois ce que je t'ai dit, l'amour est complexe.

- C'est vrai, j'ai plein d'interrogations. Je me demande par exemple si je pourrais supporter toujours son visage, surtout lorsque je croiserai de beaux garçons. Ne serais-je pas tentée de faire la comparaison à son détriment si je n'éprouve que de la pitié pour lui ? Je ne voudrais pas lui faire du mal !

- Encore faut-il qu'il ait des sentiments pour toi.

- Oui, tu as raison.

- Écoute Delphine, je te donne un conseil. Laisse-le venir à toi et s'il te fait des avances, au début refuse-les, repousse-le, mais timidement ce qui voudra dire : continue. Et tu laisses faire le temps.

Par pudeur, comme Nesti n'est pas un garçon comme les autres et que René travaille chez son père, les sœurs de Delphine ne disent rien de son secret. Elle est la petite dernière et le bal des coiffeurs a été sa première sortie.

Un soir, lorsque René rentre à la maison après le travail, il propose à ses frères et sœurs un pique-nique dimanche prochain et une partie de baignade au bord de la Thur. Il y aura Nesti, Nathalie et Georges. Bien sûr, en chœur toutes ses sœurs ont dit oui, poussées par la curiosité. Pour s'y rendre, elles prendront le car. Alfred et Roland déclinent l'invitation.

- On prendra l'autocar jusqu'à Moosch, puis tu viendras nous chercher à moto, l'une après l'autre, dit Madeleine, championne de l'organisation.

- Dîtes les filles, vous n'oubliez pas quelque chose, demande le père à ses filles ?

- Quoi donc papa ? demande Nelly.

- N'ai-je pas mon mot à dire ? Lâcher mes quatre filles dans la nature comme cela !

- Eh ! Papa, René est avec nous et tu connais le copain de Cécile, il se joindra à nous, donc il n'y a pas de problème.

- Bon ok, mais ne prenez pas l'habitude de décider de vos sorties sans me tenir au courant.

- Oui papa ! disent-elles en chœur.

- Bon les filles, puisque papa est d'accord, il va falloir qu'on s'organise, dit René. Nelly tu vas t'occuper de l'intendance, neuf personnes à nourrir. Je vous fais confiance pour que ce premier pique-nique soit une réussite. Demain, j'en parlerai à Nesti. Les filles sont toutes excitées, elles qui manquent de distraction le dimanche, excepté Cécile bien sûr qui a son amoureux.

Le dimanche arrive vite, une très belle journée en perspective, propice à la baignade. Il est 10h lorsque le car s'arrête à Battenheim, les trois sœurs montent avec un panier rempli de victuailles. René charge la moto et s'en va.

Une heure plus tard, le car arrive à Moosch. Nesti est là depuis un long moment à les attendre. Delphine descend la première, suivie de ses sœurs et de Charles, l'ami de Cécile.

- Salut Nesti, dit Delphine en lui faisant une bise sur sa joue meurtrie, et ce n'est pas innocent. Elle lui présente ses sœurs, Nelly, Madeleine, Cécile, sans oublier Charles qu'elles ont récupéré en route.

- Bonjour les filles, belle journée n'est-ce pas. Donnez, je vais mettre vos affaires dans ma brouette, vous avez fait bon voyage ? René est déjà à la rivière, il va nous choisir un bon endroit pour le pique-nique.

Spontanément, Delphine aide Nesti à tirer la brouette et leurs mains s'effleurent. La jeune fille lui sourit.

- Eh oh, hurle René en les apercevant de loin, je suis là !

- On sera bien ici, à l'ombre, dit Madeleine.

Tandis que les trois garçons bavardent, les filles disposent une couverture sur l'herbe et préparent l'apéritif. Le pique-nique commence bon enfant, assis à même le sol, ils trinquent à leur joie de partager cette belle journée. Nesti, assis à côté de Delphine et Nelly, tend son verre pour trinquer avec les deux jeunes filles. Ce petit tintement, verre contre verre est agréable. Un peu plus loin, des pêcheurs à la mouche tentent de prendre des truites. Les filles n'avaient jamais vu cela, elles sont émerveillées lorsque les pêcheurs font virevolter l'hameçon avec l'appât à fleur de l'eau.

- On risque de déranger ces pêcheurs avec tout le bruit que nous allons faire si nous nous baignons cet après-midi ; ils ne vont pas être contents !

- Mais non, les truites sont habituées au bruit et les pêcheurs ne restent pas sur place. Tout à l'heure, ils vont se déplacer dans l'eau avec leurs bottes et leurs longs pantalons et on ne les verra plus, leur dit Nesti qui a l'habitude des lieux.

Bon, c'est l'heure du repas. Nesti, on t'a apporté des bonnes choses de la maison, j'espère que tu aimes le cochon ? dit René.

- J'aime tout dans le cochon, répond Nesti.

Les filles s'empressent de sortir plein de bonnes choses de leur sac : une très belle tranche de lard, fumé par leur père, des côtelettes, des saucisses de l'an dernier, un bon munster bien odorant que fabrique un copain du papa, ainsi que des tranches de lard frais que René va préparer en brochettes sur le feu qu'il vient d'allumer. Il y a aussi une belle miche de pain, cuite par la maman dans le four à bois, du jambon de l'année dernière et du fromage de tête ; bref, que des produits « maison ».

Nesti se lève et se dirige vers le chariot.

- Eh bien moi, j'ai apporté de l'eau et du bon vin que fabrique mon oncle. Un rouge d'Alsace, rare, dont vous me direz des nouvelles.

Le repas est copieux, tout est bon. Nesti se régale bien sûr, car du cochon il n'a pas l'habitude d'en manger. L'ambiance est joyeuse, on chante, on rit, on raconte des blagues, souvent en dessous la ceinture, c'est la spécialité de René. Nesti ne le connaissait pas comme cela. De temps en temps, le regard de Delphine croise le sien, mais elle se détourne aussitôt, par pudeur sans doute. Après un repas bien arrosé, c'est l'heure d'une bonne petite sieste qui fera du bien, car la chaleur est accablante. Comme les animaux de la savane, certains vont se mettre sous les arbres et piquent un roupillon réparateur. Cécile et Charles partent se promener main dans la main, Delphine les regarde partir un tantinet envieuse.

La sieste n'est pas longue, Madeleine se met en maillot de bain. Ses sœurs font de même et vont réveiller les dormeurs.

- Allez, les garçons, on va se baigner !

Nesti fait un bon, prend machinalement Delphine par la main et l'entraîne en courant dans l'eau. Il connait ce coin, l'eau n'est pas très profonde, elle est très claire et du sable tapisse le fond. À cet endroit la Thur est large, vraiment propice à la baignade. Les autres accourent et, au milieu d’éclats de rire, jouent comme des enfants en s’aspergeant. Nesti est un bon nageur, il veut le montrer à Delphine. En deux temps, trois mouvements, il atteint l'autre côté de la berge. Delphine et Madeleine le rejoignent.

- Tu nages bien, lui dit Madeleine.

- C'est un champion, lui répond Delphine.

Nesti est fier.

Après un bon bain, chacun s'essuie.

L'amour plus fort que le miroir

Nesti propose à Delphine une promenade tandis que les autres préfèrent une petite bronzette. Tous les deux s'en vont sur le chemin qui longe la berge, Delphine ne s'est pas fait prier. Les autres les regardent s'éloigner. La jeune fille pose sa tête timidement contre l'épaule de Nesti.

- Ils forment un beau couple, dommage que Nesti soit comme cela, dit Nelly, désignant avec le doigt son propre visage.

- Ne dis plus jamais cela et surtout que Nesti n'entende pas ces bêtises, réplique René, fâché contre sa sœur. Il a donné son visage pour la France, ne l'oublie pas. Et si Delphine tombait amoureuse de lui, j'en serais fier, car je le connais, c'est un brave gars. Malgré son handicap, il la rendra heureuse comme jamais un homme ne rendra heureuse une femme. Çà, je vous le garantis.

- Tu as raison, j'ai eu tort de dire cela, excuse-moi, répond Nelly. Cela ne regarde que Delphine.

Sur le chemin, Delphine et Nesti marchent sans rien dire ; ils sont maintenant seuls, on dirait qu'ils ont la tête remplie de pensées qu'ils n'osent pas s'avouer. Delphine vient de prendre la main de Nesti, car elle sait très bien que c'est à elle de faire le premier pas ; lui n'osera pas. Elle lui sourit.

- Delphine, j'ai 25 ans, tu es la première fille avec qui je me promène en lui tenant seulement la main et cela me rend heureux. Il la regarde dans les yeux, l'air grave.

- Sur le chemin, quand tu as posé la tête sur mon épaule, cela a été le plus beau moment de ma vie. Delphine, je voudrais t'embrasser, mais je n'ose pas.

- Pourquoi ? À cause de ton visage ? J'ai 23 ans, je n'ai jamais embrassé un garçon, alors je ne sais pas quelle sensation cela procure d'embrasser un garçon avec une bouche horizontale ou verticale. Je veux le savoir.

Elle lui passe le bras autour du cou, sa poitrine de jeune fille l'effleure, puis elle l'attire contre elle et l'embrasse, timidement d'abord, enfin avec un baiser fougueux. Nesti la serre dans ses bras, une sensation de bonheur l'envahit, il est tellement heureux qu'une fille l'embrasse, lui le Quasimodo de "Notre- Dame de Paris" qu'il en pleure. Doucement, Delphine essuie ses larmes.

- Je crois que je n'embrasserai jamais une bouche horizontale, dit Delphine.

À ces mots, elle lui caresse tout doucement le visage, surtout la partie blessée, puis se blottit dans ses bras en disant :

- Tu es fort Nesti, je me sens rassurée dans tes bras.

Ils reviennent au campement bras dessus, bras dessous. Tout le monde sourit, mais personne ne dit rien. Une romance vient de commencer.

Delphine n'a pas écouté sa sœur, bien au contraire elle a tout fait pour que Nesti lui fasse la cour. Elle joue le jeu en acceptant ses avances, c'est le premier garçon qu'elle embrasse, elle voulait savoir quel effet cela faisait. Ce n'est pas déjà de l'amour, mais...

***

Depuis ce pique-nique, Nesti est un autre homme. Chaque matin, quand il se lève, il se regarde dans la glace de l'armoire de sa chambre et, face à son visage, se tire la langue.

- Je suis comme les autres, une fille m'aime, moi la gueule cassée !

Depuis ce jour, il sort, va faire les courses, se montre à tout le monde. Il accepte enfin ce visage qui l'a tant fait souffrir. C'est un homme comme les autres, grâce à l'amour que lui porte Delphine.

L'amour est un mystère, que ce soit dans le monde animal ou humain. Sur cette petite planète qu'est la terre à l'échelle cosmique, l'amour est spirituel, invisible et imprévisible, il attire deux êtres comme un aimant, d'une façon indéfinissable.

Nesti a installé une selle sur la barre de son vélo et tous les dimanches, il va jusqu'à Battenheim retrouver Delphine. Il n'ose pas encore se rendre chez elle, alors ils se donnent rendez-vous sur la place de l'église. Toujours en avance, elle est là, à l'attendre patiemment.

Un dimanche, souhaitant passer un peu plus de temps avec Nesti, Delphine raconte à ses parents qu'elle va au cinéma avec des copines. Ce soir-là, alors que la nuit est déjà tombée, Nesti pose son vélo au bord d'un chemin. Un croissant de lune brille dans le ciel, la température est très douce, les deux amoureux marchent main dans la main sans dire un mot. À un moment ils s'embrassent, puis s'allongent dans l'herbe, ils s'embrassent encore.

Nesti devient entreprenant, elle se laisse faire, les mains baladeuses de Nesti remontent la jupe de Delphine. Il est fougueux.

- Non Nesti, c'est la première fois.

Dans la pénombre Nesti ne l'écoute pas, il regarde son visage, continue ses caresses de plus en plus lentement et repousse les mains de Delphine. La jeune fille a peur, sa tête lui dit non, mais son corps dit oui.

Nesti prend son temps, ses mains sont douces. Lorsqu'il veut passer à l'acte, il lui met une main sur les yeux.

- Je ne veux pas que tu voies mon visage.

- Non Nesti, dit-elle en repoussant sa main, je veux te voir, je n'ai pas peur. Elle est heureuse. Les sourires glissent d'un visage à l'autre.

- Il se fait doux, à un moment elle se crispe et veut crier, elle se retient et enfonce ses ongles dans le dos de Nesti, elle lui fait mal, mais il ne sent rien. L'instant magique de l'acte d'amour vient de passer. Quand ils ouvrent à nouveau les yeux, ils sont étendus sur le dos, la nuit est claire, des milliers d'étoiles scintillent dans le ciel, ils ont l'impression que la lune les regarde. Les deux amants s'embrassent, puis Delphine se blottit dans les bras de Nesti. L'instant est merveilleux, ils sont seuls au monde.

- Je t'aime Nesti, merci.

- Je t'aime aussi Delphine, il l'embrasse encore une fois puis se relève et lui tend la main pour l'aider à se relever. Delphine met ses habits en ordre, sourit et se serre contre lui. Voilà ce qu'elle aime en ce garçon, sa force et sa douceur. Avec ses mains, il l'aide tendrement à retirer un à un les brins d'herbe qui pourraient trahir un amour naissant.

- Je dois rentrer maintenant, dit Delphine, il se fait tard, papa ne va jamais se coucher tant que toute sa troupe n'est pas de retour à la maison.

- Oui Delphine et quant à moi j'ai encore du chemin avant d'être chez moi.

- Tu seras prudent dis ?

- Bien sûr, mais que peut-il m'arriver ?

- Devant la maison de Delphine où une lumière brille encore, il pose délicatement son vélo contre le mur, caresse encore le visage de son amoureuse ainsi que ses longs cheveux et ils s'embrassent une dernière fois. Il est vingt-trois heures lorsque Nesti monte sur son vélo pour reprendre la route de Moosh. Sur le perron, Delphine le regarde s'éloigner jusqu'à ce que la petite lumière rouge du vélo s'évanouisse dans la nuit.

Delphine va souhaiter une bonne nuit à son père avant de se coucher.

- Je suis la dernière à rentrer Papa ?

- Non, Madeleine est encore dehors. Il était bien le film ?

- Pas terrible. Elle lui fait une bise sur le front et alors qu'elle s'apprête à quitter la pièce, elle entend la voix de son père :

- Avant de te coucher, n'oublie pas de retirer les brins d'herbe que tu as dans les cheveux !

Delphine se retourne, rouge de honte.

Il lui sourit, l'air complice.

Il fait maintenant nuit noire dans la campagne, Nesti est heureux. Après avoir été malmené par le destin, il tient sa revanche sur la vie, une fille l'aime, elle l'aime pour lui, comme il est, ni pour sa beauté ni pour sa laideur. Alors, il chante fort, crie son bonheur sous un ciel couvert d'étoiles.

À un moment il arrête de chanter et pédale vite, de plus en plus vite. Sa joie est intérieure, avec ce visage tant détesté, il a su rendre une femme heureuse. Il réalise alors que l'amour qu'il porte à Delphine fait désormais partie de son destin.

***

Un jour, Delphine s'arme de courage pour parler à son père.

- Papa, je voudrais te dire quelque chose, peut-on se promener dans les champs ?

- Qu'as-tu à me dire ?

- Viens, s'il te plaît !

Il abandonne son atelier de couture, Delphine a certainement quelque chose d'important à lui dire.

Sur le chemin qui borde l'Ill, ils sont seuls.

- Papa, j'aime un garçon. J'ai maintenant 23 ans, je crois que j'ai l'âge d'aimer.

- Je te remercie de me le dire, ma fille, j'attendais cela depuis la fameuse séance de cinéma où tu as attrapé des brins d'herbe dans les cheveux. Je le connais ?

- Toi non, mais René oui.

- René ? Ah bon, il ne m'a jamais rien dit.

- Mes sœurs aussi le connaissent

- Ah, et que disent-elles ?

- Elles sont heureuses pour moi, car c'est un brave garçon.

- Et que fait cet heureux jeune homme dans la vie ?

- Il est coiffeur. René travaille avec lui, chez son père.

- Tu sais ma fille, choisir son homme est une lourde décision, mais si vous vous aimez je te donne mon accord.

- Merci Papa, mais il y a un problème.

- Tu es enceinte ?

- Non, bien sûr que non, le problème n'est pas pour moi, mais pour les autres.

- Pour les autres ? Je ne comprends pas.

- Nesti est ce qu'on appelle une « Gueule Cassée ». À dix-huit ans, il a été incorporé de force et lorsqu'il est arrivé sur le front, les Russes ont tendu une embuscade. Il a reçu une balle explosive dans la figure, il s'en est sorti par miracle et avec beaucoup de souffrances. Il est défiguré, mais je l'aime comme il est.

- Je sais ce que veut dire une gueule cassée, moi-même j'en ai vu sortir des tranchées lors de la Grande Guerre, ce sont des hommes courageux. Mais tu ne dois pas aller avec cet homme uniquement par pitié. Ces hommes sont fragiles, ils font de bons maris car ils ont besoin de leur femme, de tendresse, d'amour, de beaucoup d'amour. Épouser une gueule cassée, ce n'est pas anodin, comme d'ailleurs être l'épouse de tous ces blessés qui ont perdu un membre, plusieurs membres ou encore la vue. Pendant la 1re guerre mondiale, j'ai été infirmier, maintes fois je me suis mis à leur place, maintes fois j'ai tenté d'imaginer ce qui pouvait se passer dans leur tête. Leur épouse dans l'intimité ou dans la vie de tous les jours est leur seul appui pour vivre dignement. Donner un enfant à un grand blessé est le plus beau cadeau à lui faire, mais pour cet enfant c'est la honte assurée, car il sera l'objet de moqueries de la part de ses camarades. Voilà Delphine, je t'ai dit ce qu'un père doit dire à son enfant dans de pareilles circonstances. Si tu prends conscience de cela, tu seras une femme heureuse. Je te connais, ma fille ! Comment s'appelle-t-il déjà ?

- Nesti

- Nesti te rendra heureuse.

Le père serre très fort sa fille.

- Merci Papa, je ne peux pas l'expliquer, mais je l'ai aimé dès que je l'ai vu. Il est si doux avec moi, et dans ses bras je me sens si bien. Quelques larmes de joie et d'émotion coulent sur les joues de la jeune fille.

- Fais-le venir à la maison, on sera heureux de le recevoir. J'en parlerai à ta mère.

De retour à la maison, il dépose un baiser sur le front de sa fille.

Delphine est heureuse d'avoir pu parler à son père et se réjouit de voir qu'il approuve son choix.

Quelques jours plus tard, Delphine se retrouve seule à la maison avec sa mère qui en profite pour parler à sa fille.

- Ton père m'a parlé de ce garçon qui travaille avec René. Si tu en es amoureuse, fais-le venir à la maison dimanche, il est d'usage qu'on fasse sa connaissance.

- Merci maman.

Lorsque René rentre de son travail, Delphine toute joyeuse accourt vers lui.

- René, les parents veulent connaitre Nesti, ils l'invitent à déjeuner dimanche. Dis-le-lui demain quand tu le verras. Surtout, n'oublie pas !

- Je suis content, petite sœur, tu verras cela va bien se passer.

***

La semaine semble interminable pour Delphine. Dimanche arrive enfin. À 11heures, elle monte dans sa chambre pour tenter de dissimuler son angoisse, tourne en rond sans parvenir à se poser, se regarde dans le miroir pour se rassurer sur sa beauté. Il est maintenant 11h30.

Elle descend, sort dans la cour et attend patiemment Nesti, guettant au loin son vélo. Enfin le voilà, elle se précipite à sa rencontre, l'embrasse, puis lui tient la main, ni l'un ni l'autre ne souffle mot.

- Papa, maman, je vous présente Nesti !

Delphine et Ernest sont entourés de tous les frères et sœurs qui se réjouissent de voir leur bonheur. Comment les parents pourraient-ils refuser cette « gueule cassée » maintenant ?

Un an plus tard, le curé de Battenheim bénira cette union.

" Je vous unis par les sacrements du mariage, vous pouvez maintenant vous embrasser ! "

Lui, la « gueule cassée », embrasse celle qui vient de devenir son épouse, puis regarde fièrement tous ceux qui se sont rassemblés dans l'église pour assister à la célébration. Lui, la « gueule cassée », sourit de son plus beau sourire qui avait disparu de ses lèvres depuis des années. Plus jamais il n'aura honte de son visage, lui aussi a droit à l'amour d'une femme. L'amour de Delphine qui est aujourd'hui ma femme, pense-t-il tout bas. N'est-il pas comme les autres, un être humain ?

Des larmes coulent dans l'assistance.

***

Le jeune couple s'installe à Moosch. Paul a demandé au maire l'autorisation d'aménager un petit appartement sous le toit de la maison communale pour loger le jeune couple.

- Ce n'est pas très grand, dit Paul à Delphine, mais c'est pratique pour Nesti, il n'aura qu'un étage à descendre pour arriver au salon. Et puis, vous êtes chez vous !

- Cela me convient bien répond-elle, avec Nesti on a décidé que j'arrêterai de travailler, je ferai de cet appartement un véritable nid d'amour.

Les semaines et les mois passent ; un soir alors que Nesti arrive du travail, il remarque que Delphine n'est pas comme d'habitude.

- Que se passe-t-il ? Tu ne vas pas bien ?

- Tout va bien Nesti, mais je voudrais te dire quelque chose et je ne sais pas comment m'y prendre. Pourtant, c'est important.

- Ah bon ! Que se passe-t-il ? On est heureux ensemble ! Depuis notre mariage, pas une ombre, ai-je fait quelque chose de mal ?

- Non, dit-elle en le regardant droit dans les yeux, mais...

- Mais quoi Delphine ?

- Je ..., je suis enceinte !

Elle a le regard noir et attend la réaction de son homme.

- Tu es enceinte et tu m'annonces cela comme s’il s’agissait de la plus grande catastrophe qui puisse arriver !

En disant cela, il la prend par la taille, la soulève et la fait tourbillonner en exprimant sa joie.

Mais Delphine reste songeuse, elle ne sait pas comment formuler ce qu'elle veut absolument lui dire.

Delphine est une femme douce et réservée. À la maison toutes les décisions sont prises par Nesti. Bien sûr, il agit toujours avec son accord. Aujourd'hui, les rôles sont inversés, c'est au tour de Delphine de prendre une décision et de l'imposer à son mari.

- Mais enfin Delphine ! Ne vois-tu pas ma joie ?

- Si, mais maintenant que la famille va s'agrandir, on ne peut plus vivre ici, c'est trop petit et le salon....

- Le salon ? Que vient donc faire le salon ?

Elle le regarde dans les yeux.

- Tu ne pourras plus travailler avec ton père s'il ne peut pas te donner un meilleur salaire. Avec ce que tu gagnes aujourd'hui, on n'arrivera pas à nourrir une famille ! Tu dois chercher un autre travail avec un salaire décent.

Nesti ne dit rien, il réfléchit quelques instants avant de réaliser que son épouse a entièrement raison.

- Excuse-moi Delphine, je n'avais pas conscience de ce problème et pourtant ton raisonnement est tellement juste. Pourquoi cela ne m’avait-il pas sauté aux yeux ? Parfois certaines choses sont tellement évidentes qu’on ne les voit même pas. Demain je parlerai à mon père et dès que j’aurai trouvé un emploi, je quitterai le salon.

- Merci Nesti, j'avais peur que tu te fâches.

- Nigotine ! Fais-moi un beau garçon, je n’aurais plus jamais honte de mon visage. De plus, je serai fier, très fier de ma femme !

Delphine entoure de ses bras le cou de son mari et l'embrasse avec fougue.

Delphine et Nesti ont partagé 64 ans de vie commune, 64 ans d'une vie idyllique. Depuis le décès de Delphine en septembre 2009, Nesti a trouvé refuge chez sa fille. Il semble souvent ailleurs, peut-être parle-t-il à Delphine ! En janvier 2019, il est la dernière « Gueule Cassée » d'Alsace. Il a 93 ans au moment où j’écris ce livre.

Remerciements

À monsieur Nesti Miclo pour m'avoir autorisé à écrire son formidable témoignage patriotique et une très belle leçon de vie.

À monsieur Oliver Roussel, directeur général de l'association des Gueules Cassées pour m'avoir permis l'accès à leur photothèque.

À monsieur Patrick du Boisbaudry, biographe, pour m'avoir épaulé dans l'écriture de ce récit.

Sans oublier toutes les personnes qui m'ont encouragé à réaliser ce projet.

Ernest à 16 ans

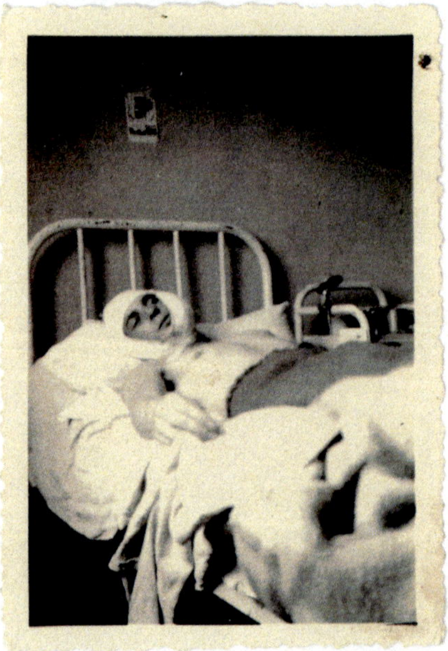

Nesti et ses camarades d'infortune à l'hôpital de Kolberg au bord de la mer Baltique

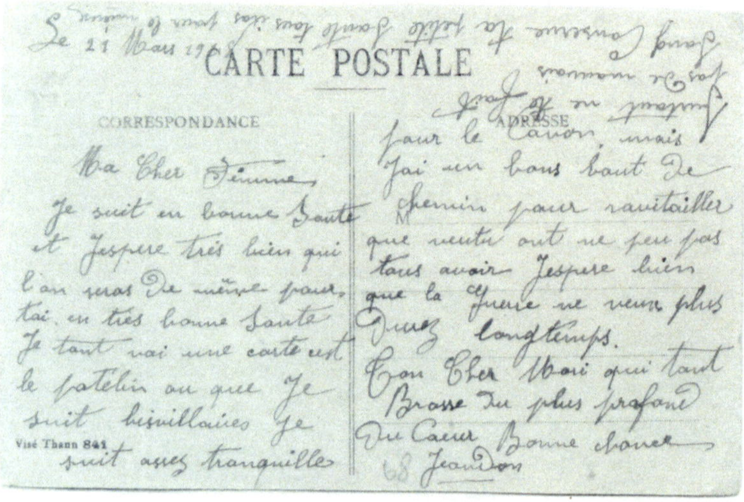
Le 21 Mars 19..

CARTE POSTALE

CORRESPONDANCE

ADRESSE

Ma Cher Femme
Je suit en bonne Sante
et Jespere très bien qui
l'on seras De même pour
toi en très bonne Sante
Je tant vai une carte cest
le patelin ou que Je
suit bivouacs Je
suit assez tranquille

Visé Thann 841

pour le Savoir mais
Jai un bons bout De
chemin pour ravitailler
que ceux qui ont ne peu pas
tous avoir Jespere bien
que la Guerre ne veux plus
Durez longtemps.
Ton Cher Mari qui tant
Brasse Du plus profond
Du Cœur Bonne chance
Jeandon

Correspondance de soldat

La plupart des villages Alsaciens ont été bombardé pendant les deux guerres mondiales

Visa Thann nº 170
170 THANN. — Rue des Bœufs.
Edition M. Giro

BITSCHWILLER-THANN. - École des Garçons, bombardée par les A[illegible]nds

Nesti avec son uniforme allemand

Nesti à 66 ans

Paulette, la sœur de Nesti, en habit d'Alsacienne

L'école primaire de Nesti

Delphine (1ère en partant de la gauche) et ses copines

Des enfants à l'école

Le salon de coiffure de Paul, père de Nesti

La grande famille
des Gueules-Cassées

Le colonel PICOT
Président fondateur de l'association des Gueules-Cassées

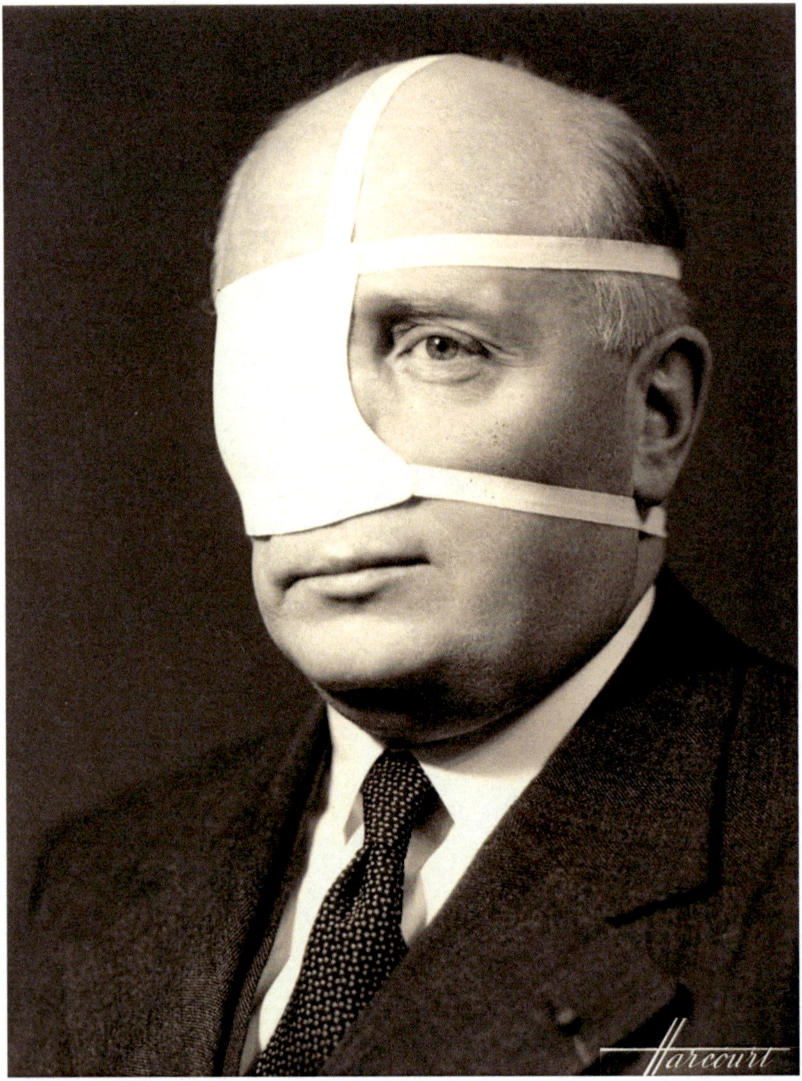

Bienaimé JOURDAIN, 1er secrétaire général cofondateur

Albert JUGON, 1er secrétaire administratif cofondateur

Des Gueules-Cassées de la Grande Guerre

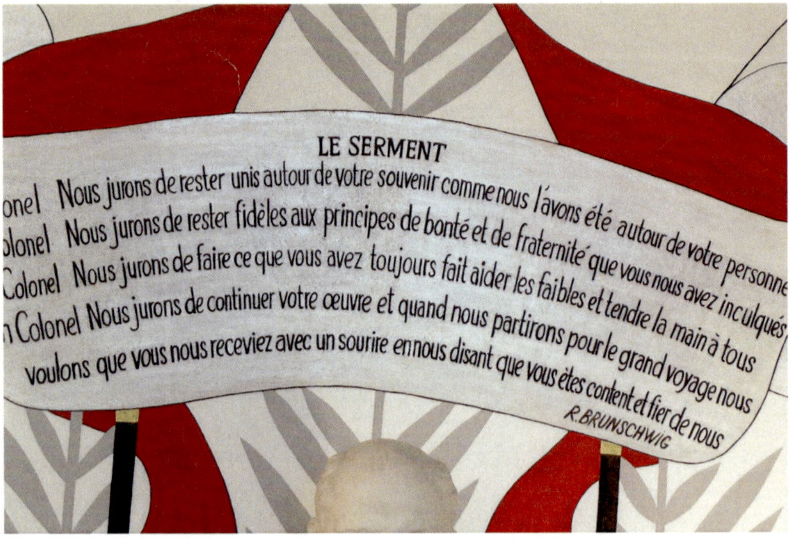

Le serment des Gueules-Cassées

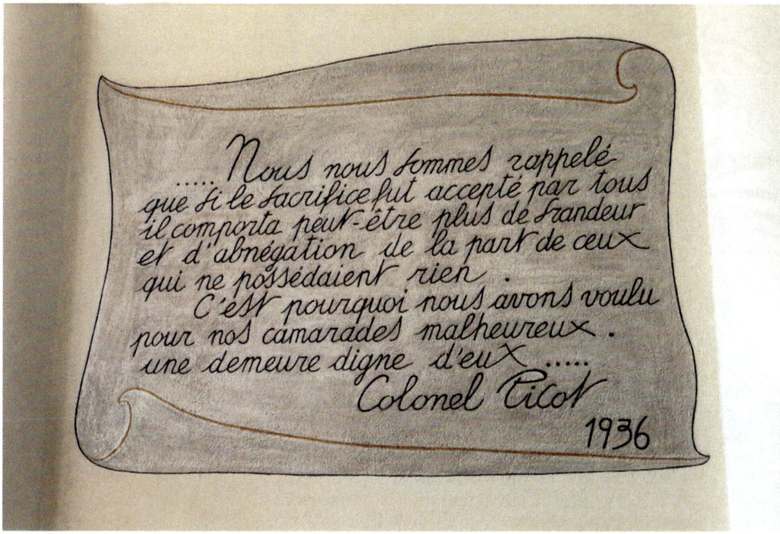

Phrase dite par le Colonel PICOT pour l'acquisition du domaine nommé Domaine des Gueules-Cassées

Le domaine du Coudon près de Toulon à son acquisition

La colonie au domaine

Les familles membres en vacances au domaine

Le domaine actuellement

Le château de Moussy dans la région parisienne

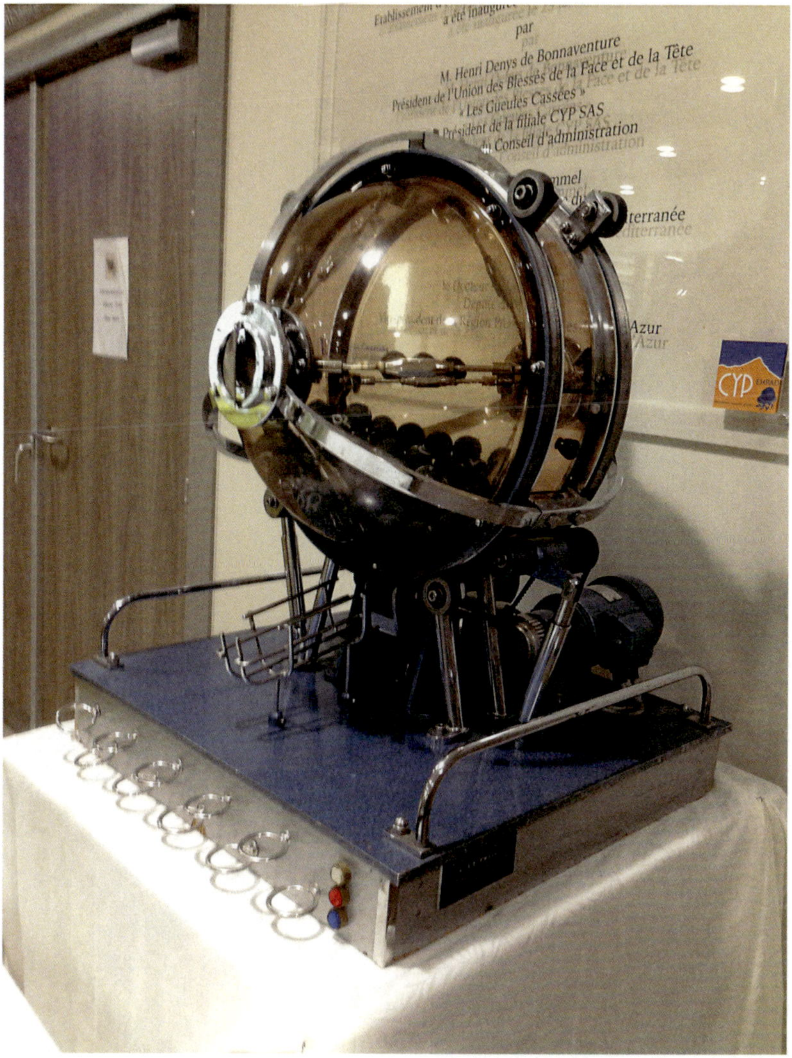

La 1ere sphère du LOTO

Vente des fameux 10ème de la Loterie Nationale
à l'initiative de l'association

Un billet de loterie de 1937

Gueules Cassées
Sourire Quand Même

Union des Blessés de la Face et de la Tête

Fondation des «Gueules Cassées»

Logotype de l'association des Gueules-Cassées et leur devise « Sourire quand même »

ISBN : 978-2-36851-352-1

Dépôt légal : Janvier 2019
Achevé d'imprimer en Février 2021 par
ROUDENNGRAFIK GUINGAMP 02 96 11 97 00